I0515429

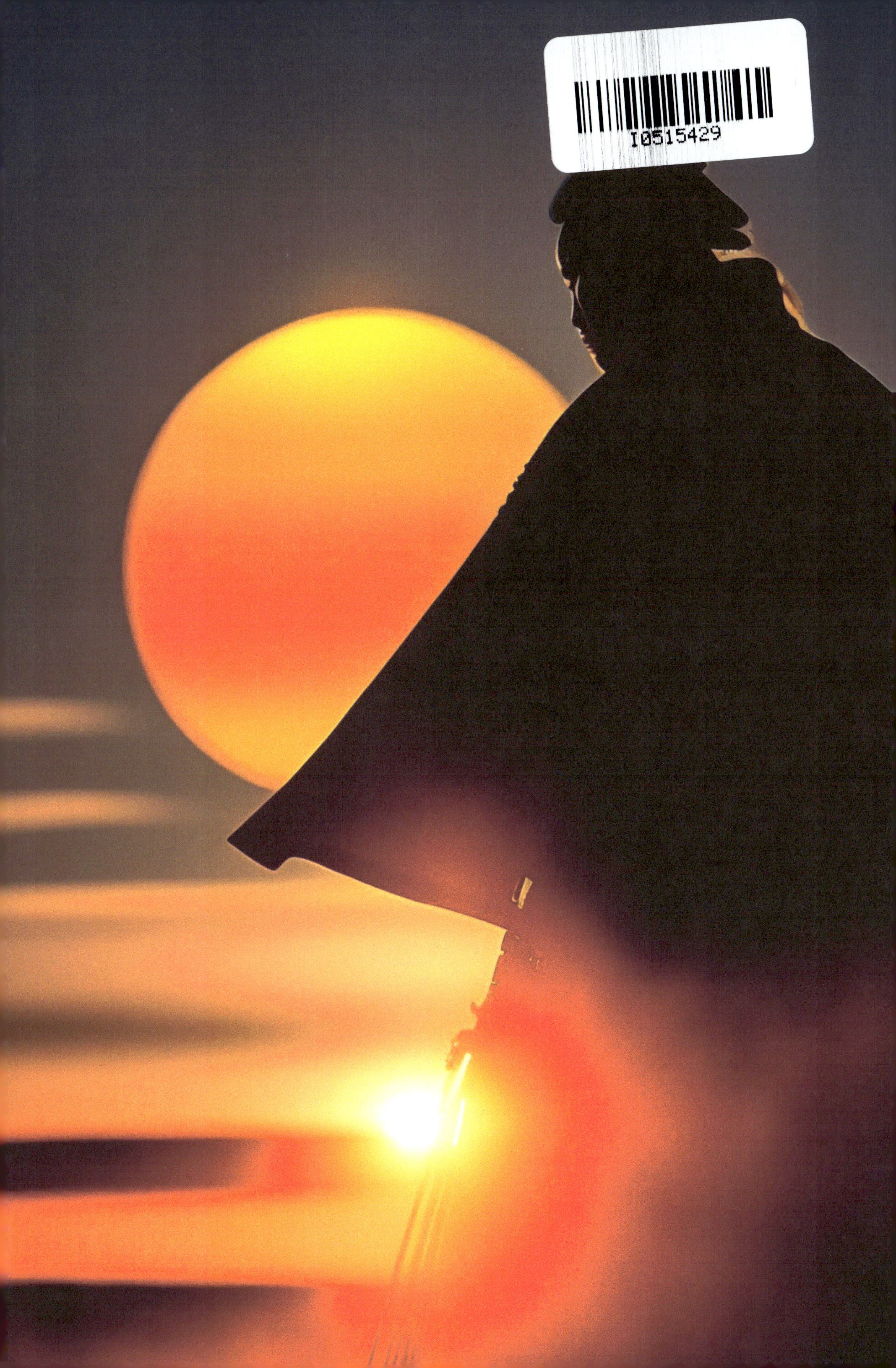

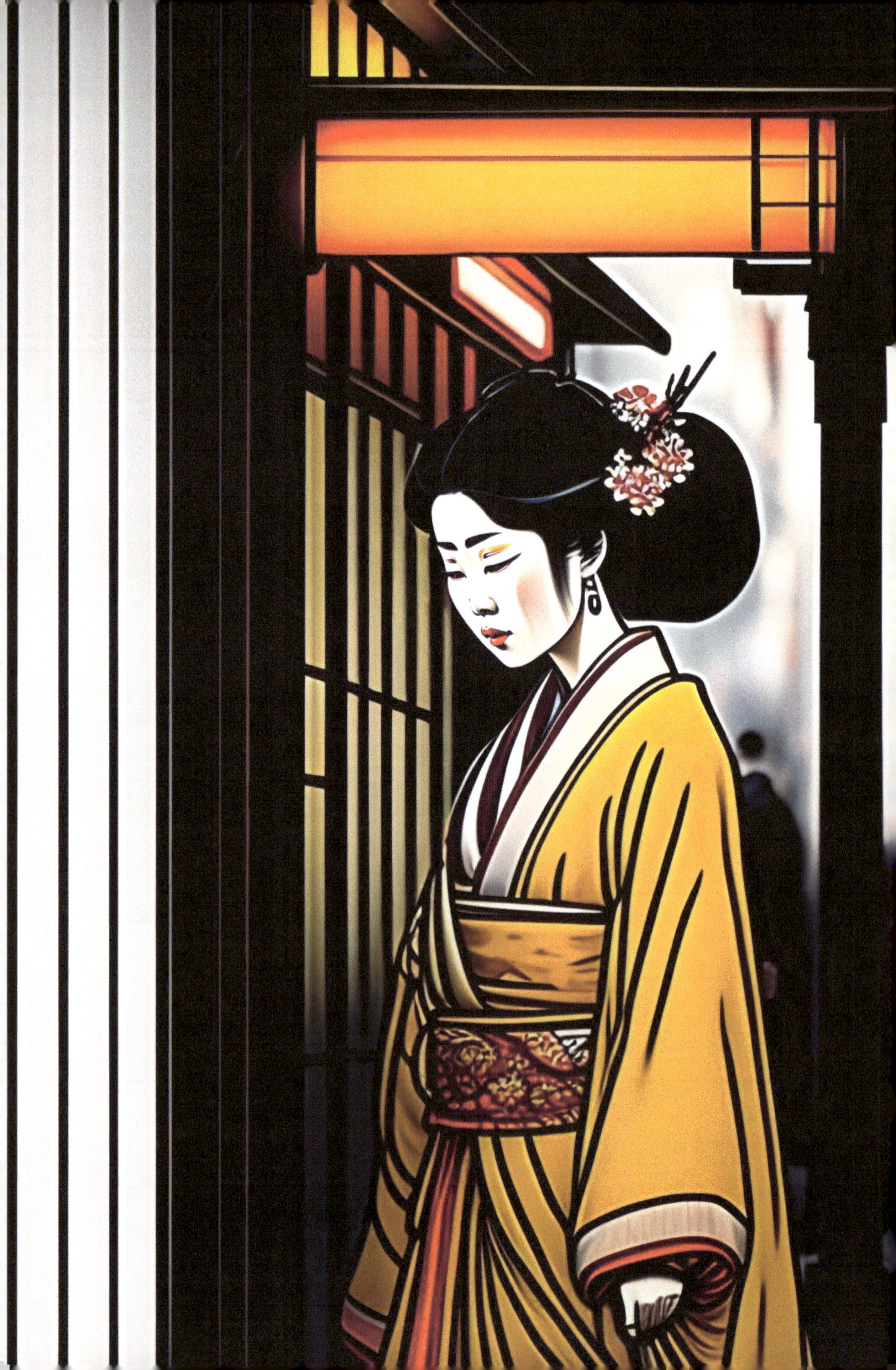

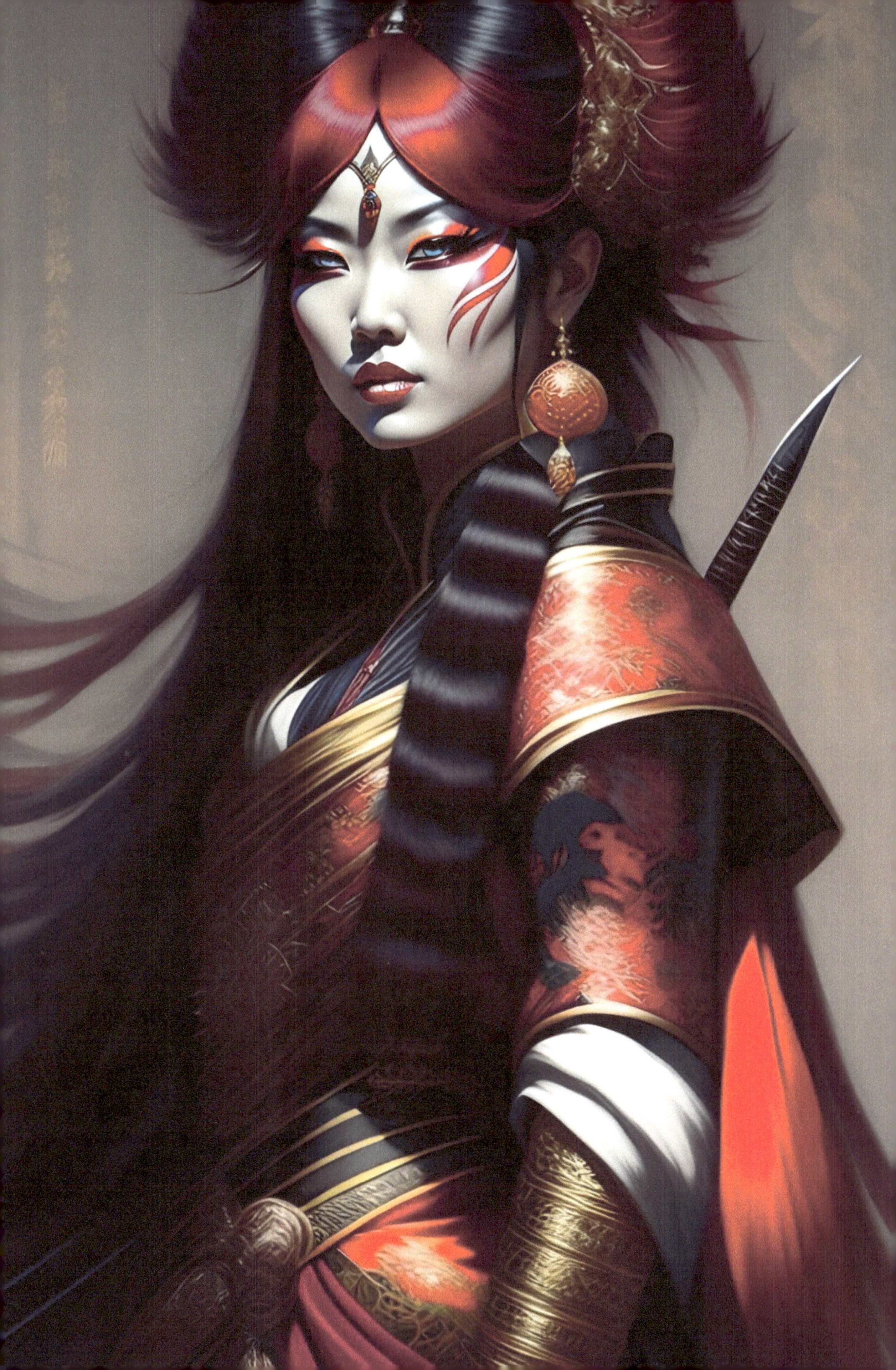

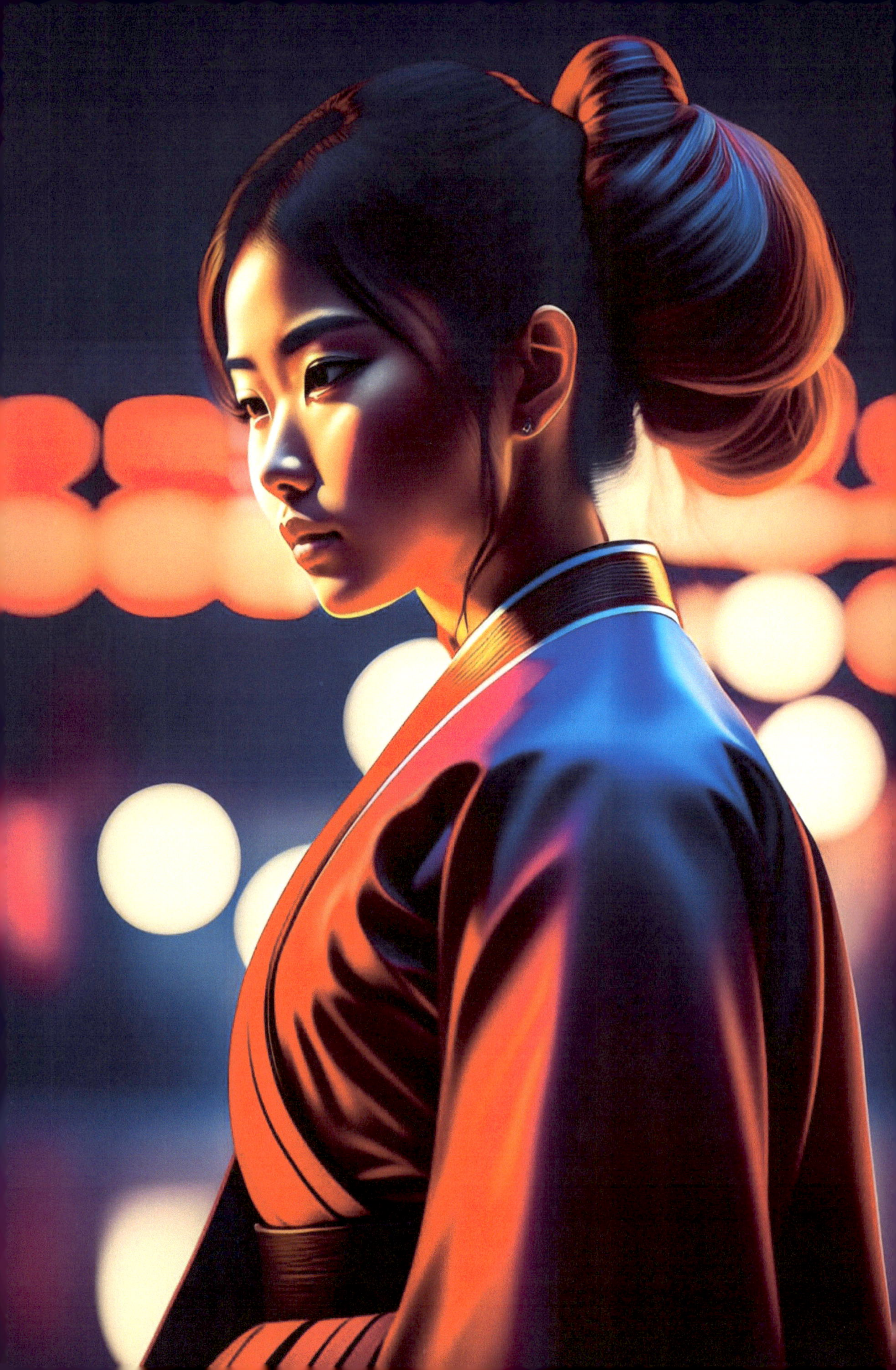

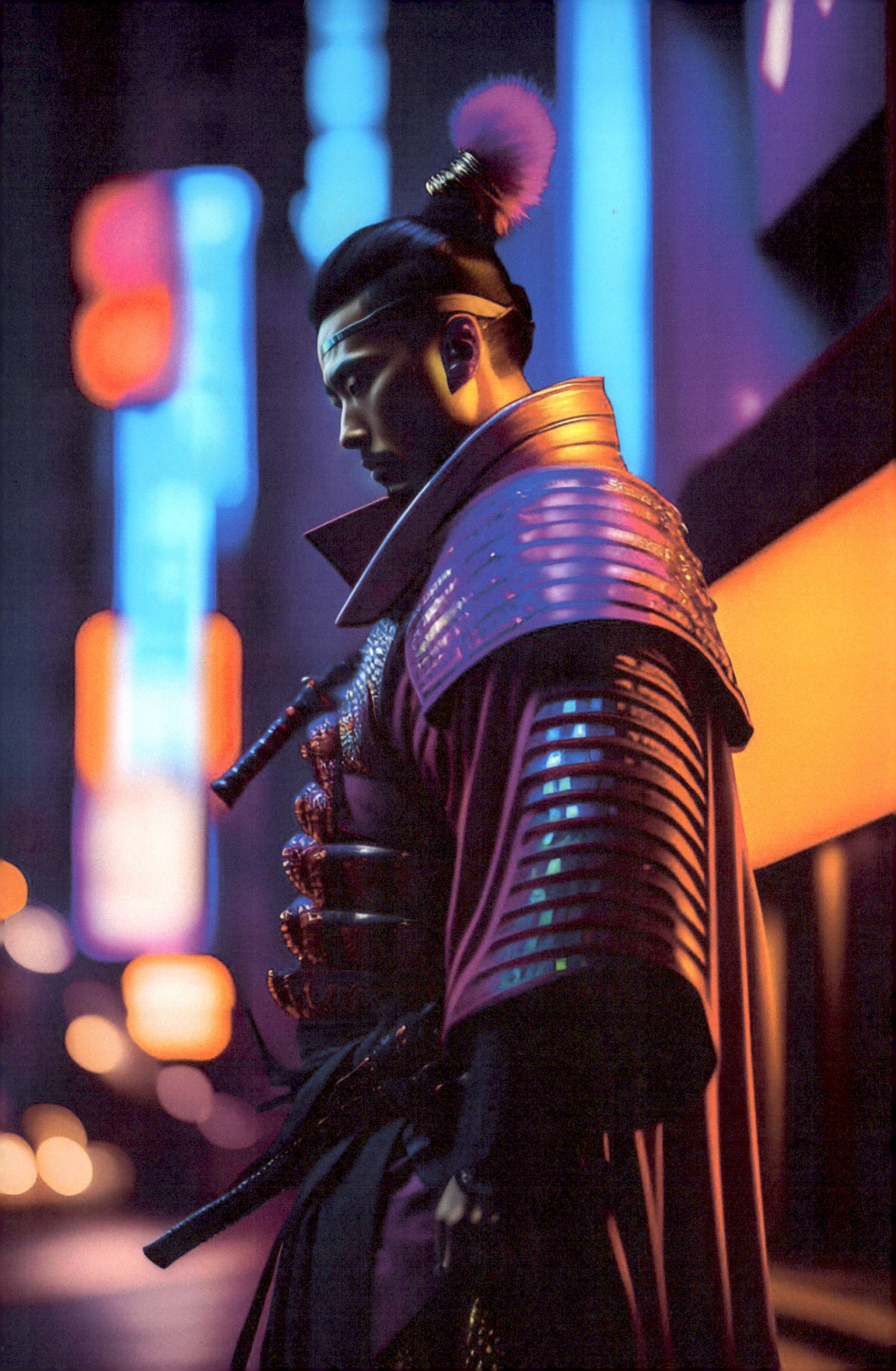

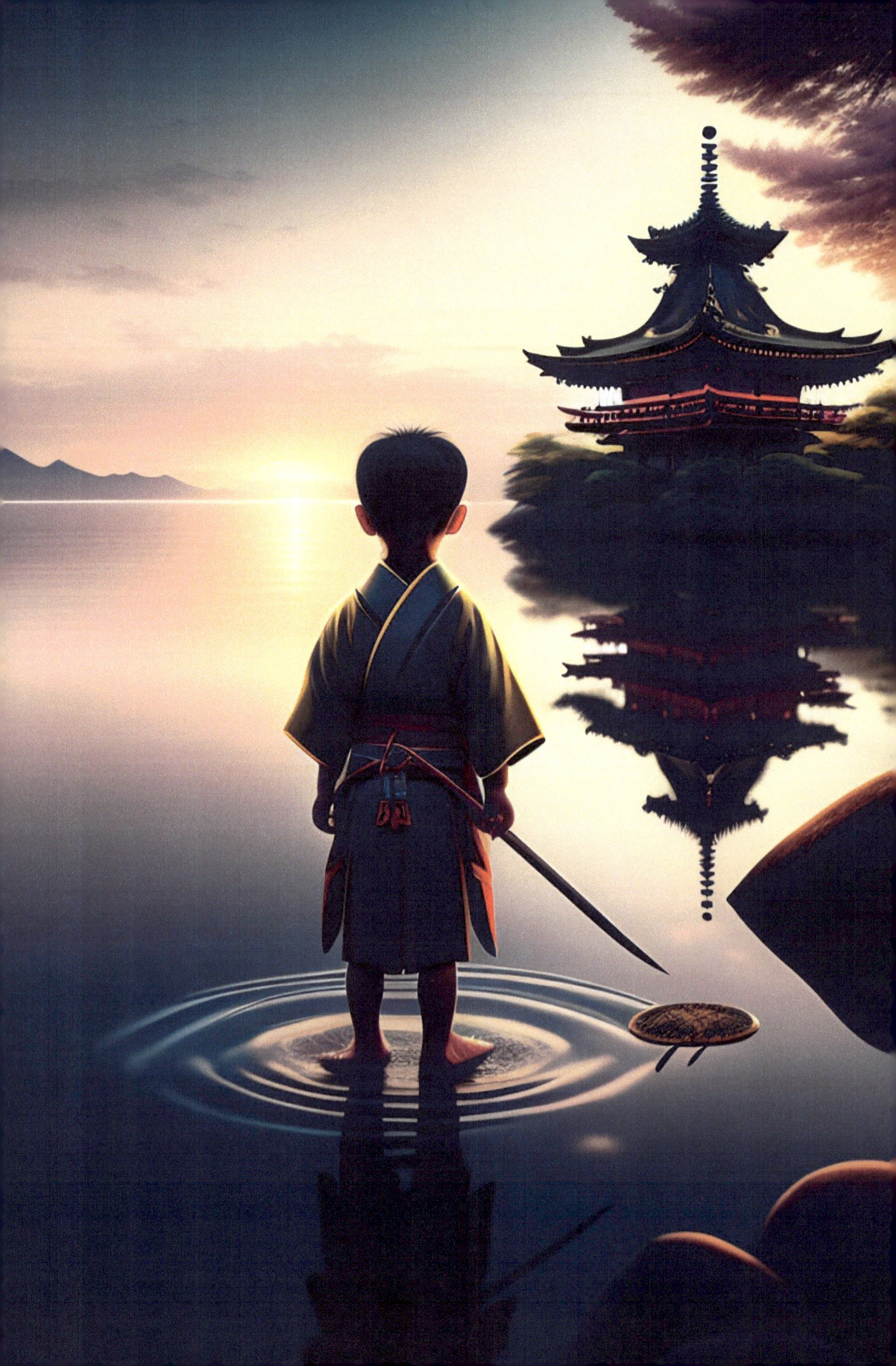

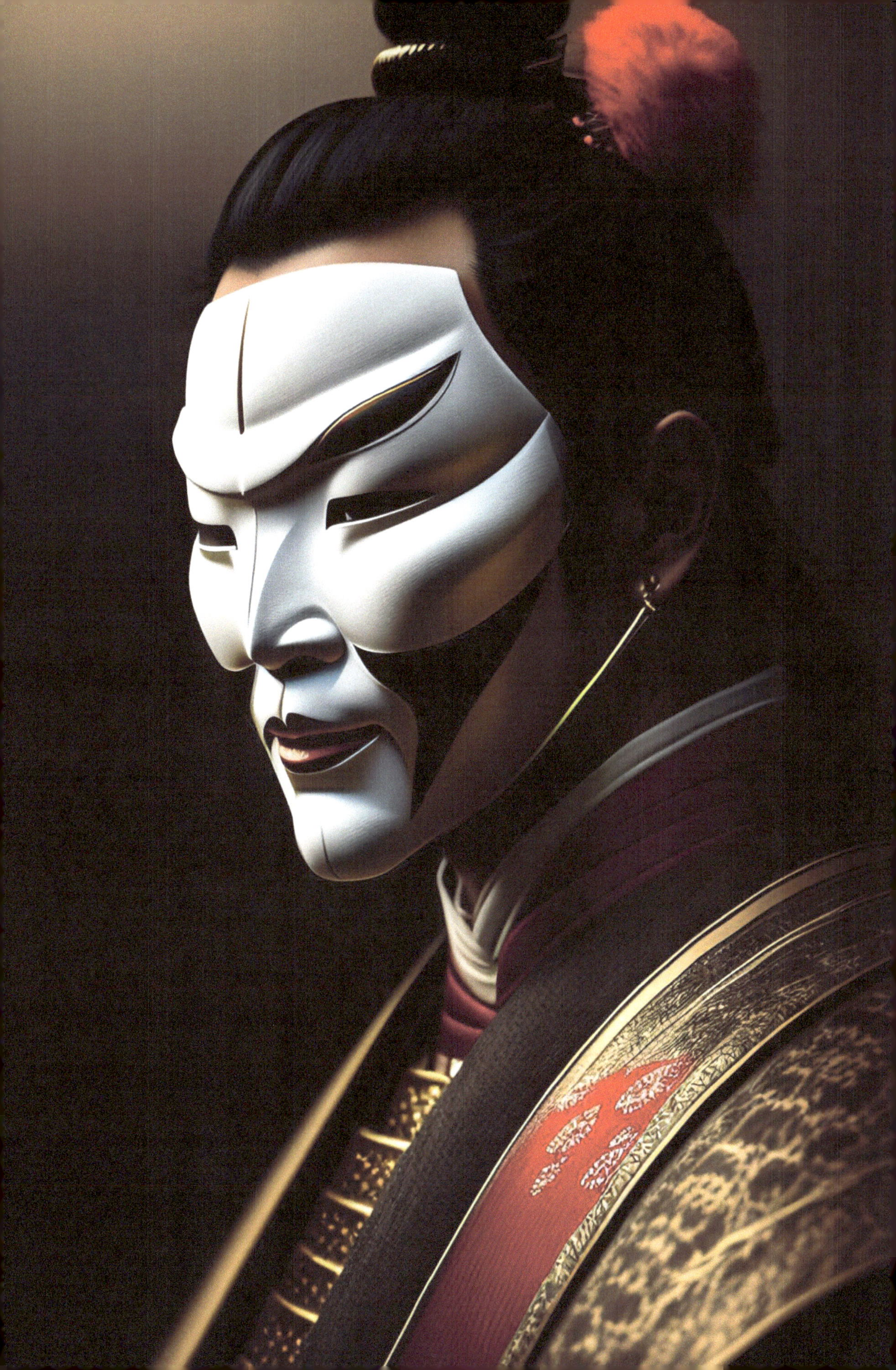

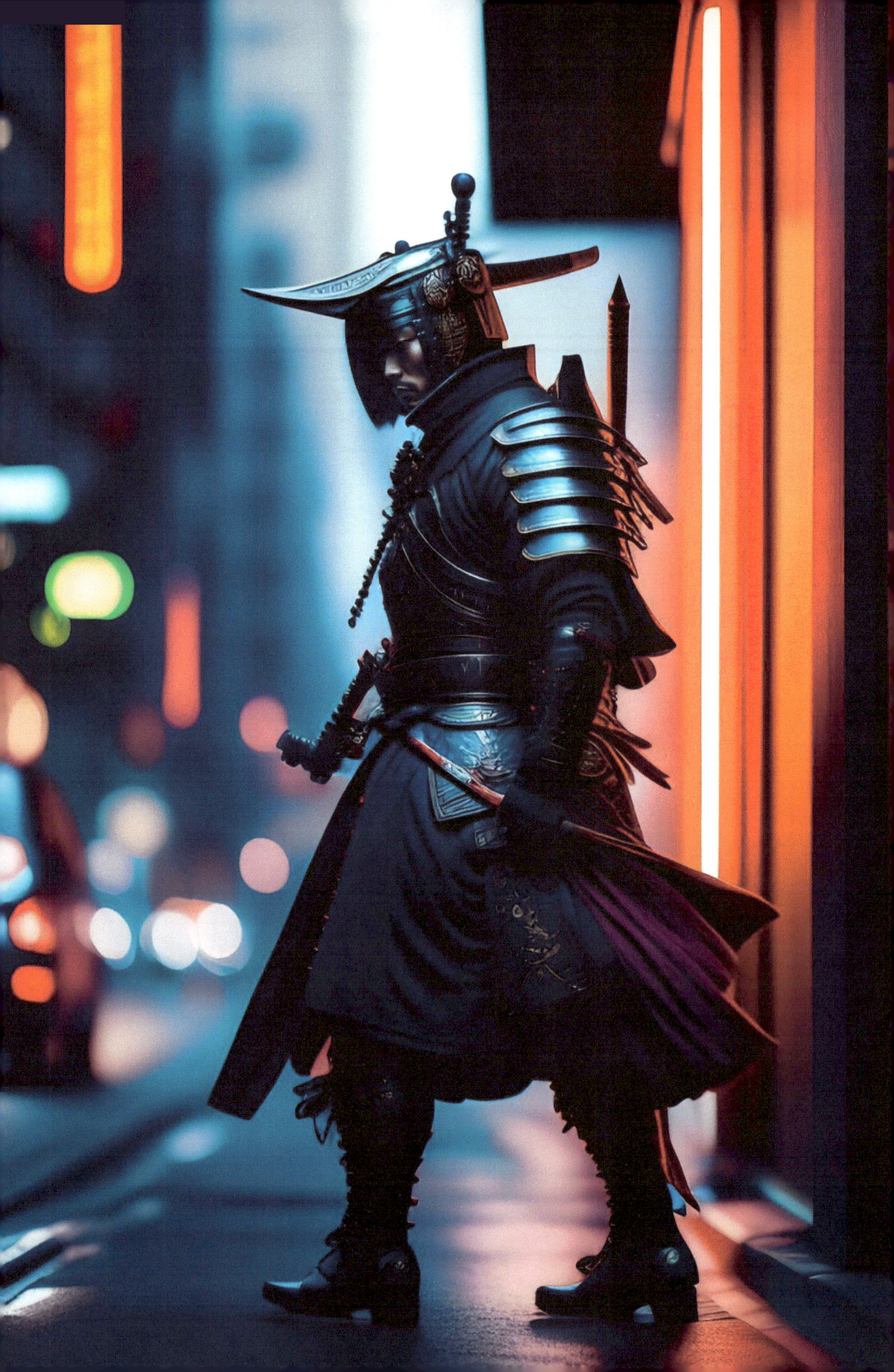

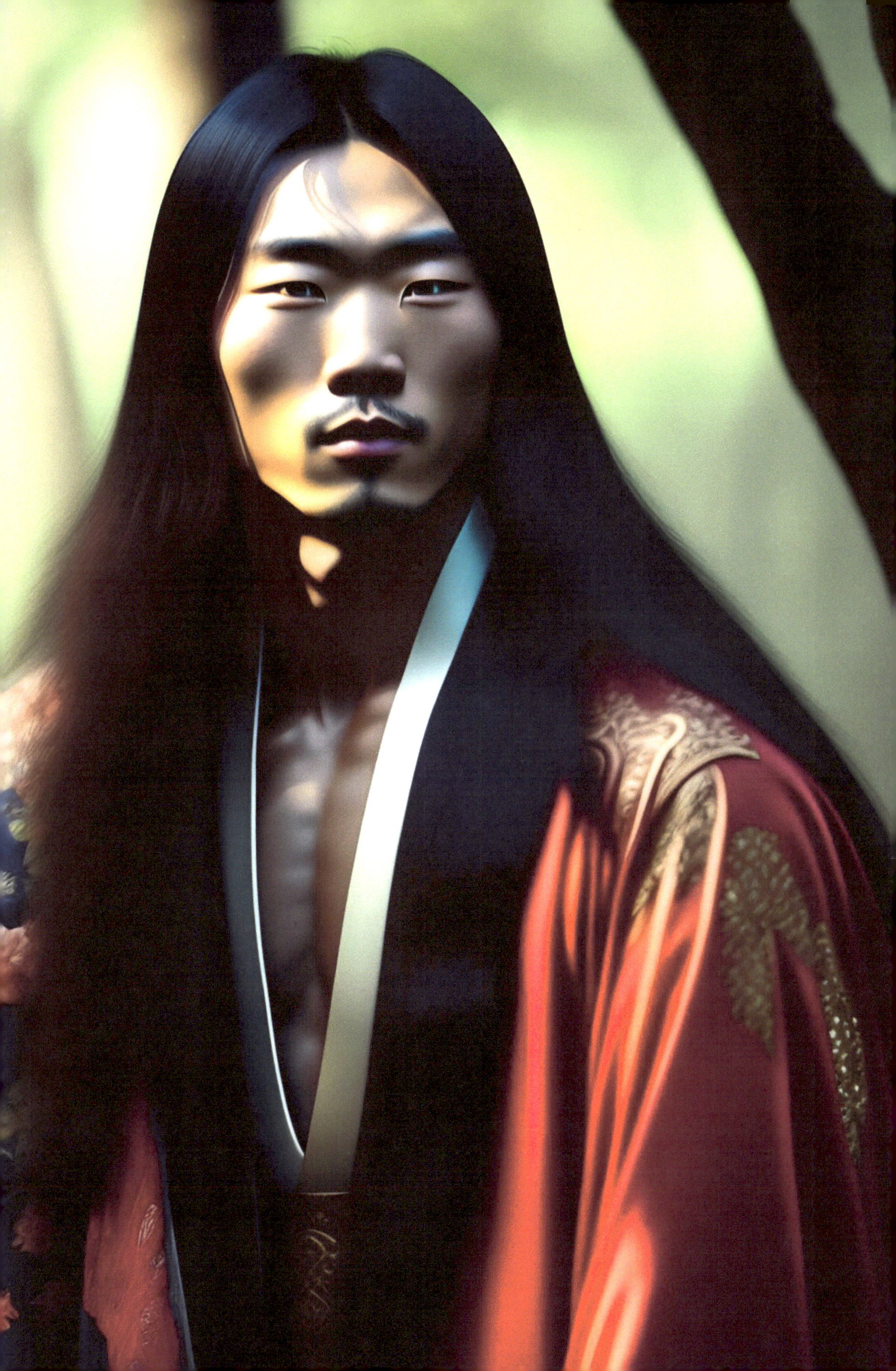

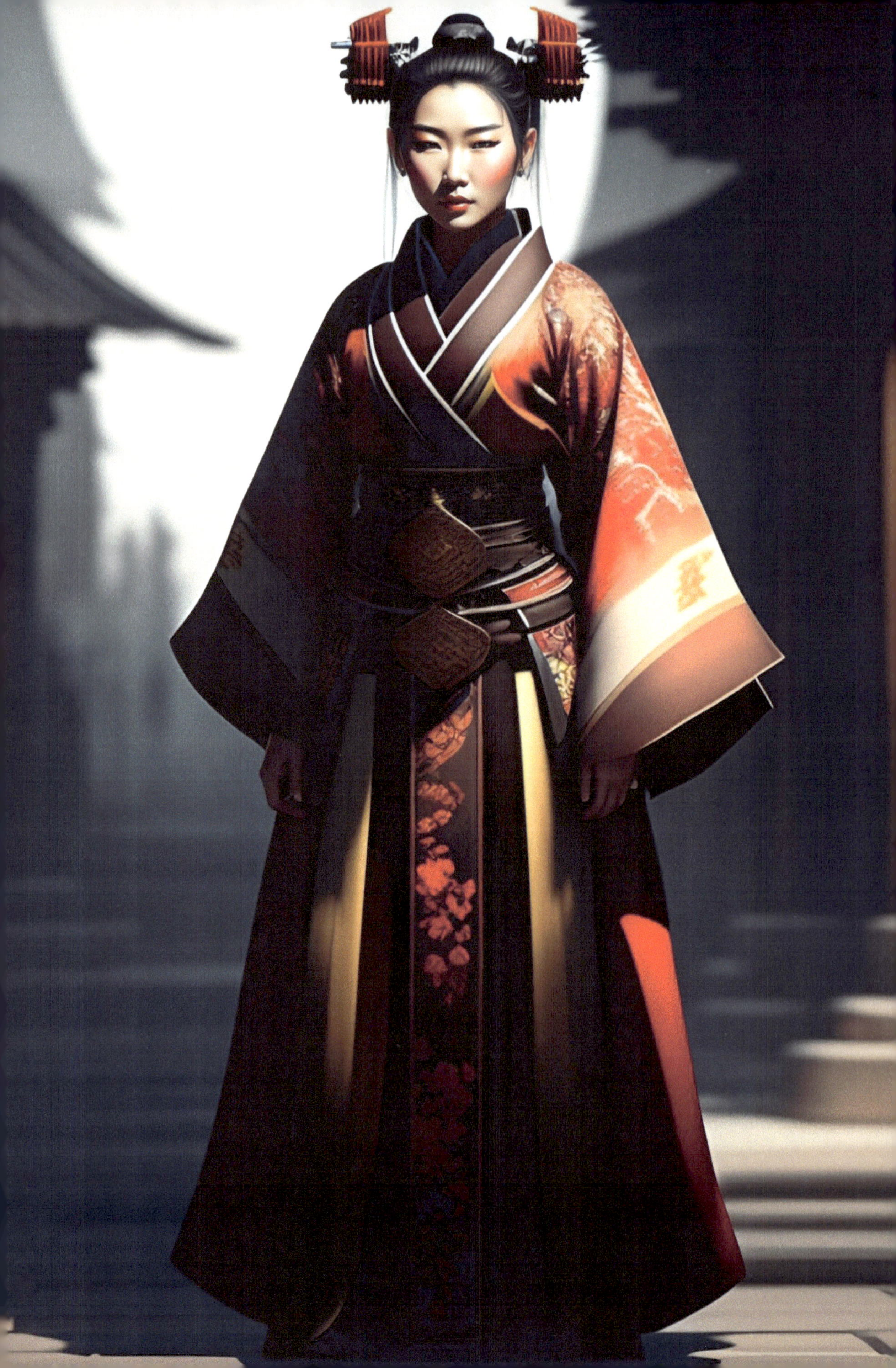

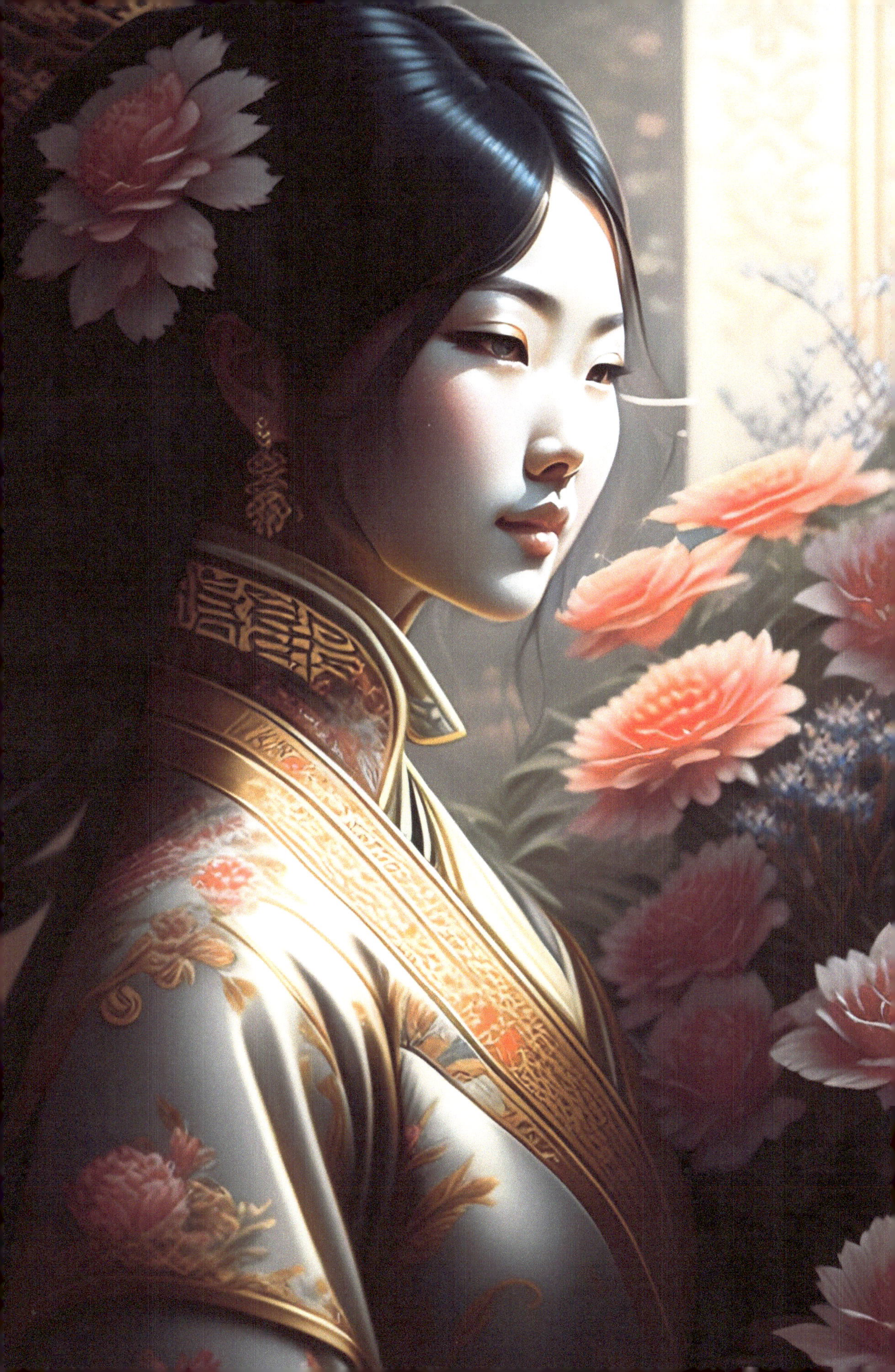

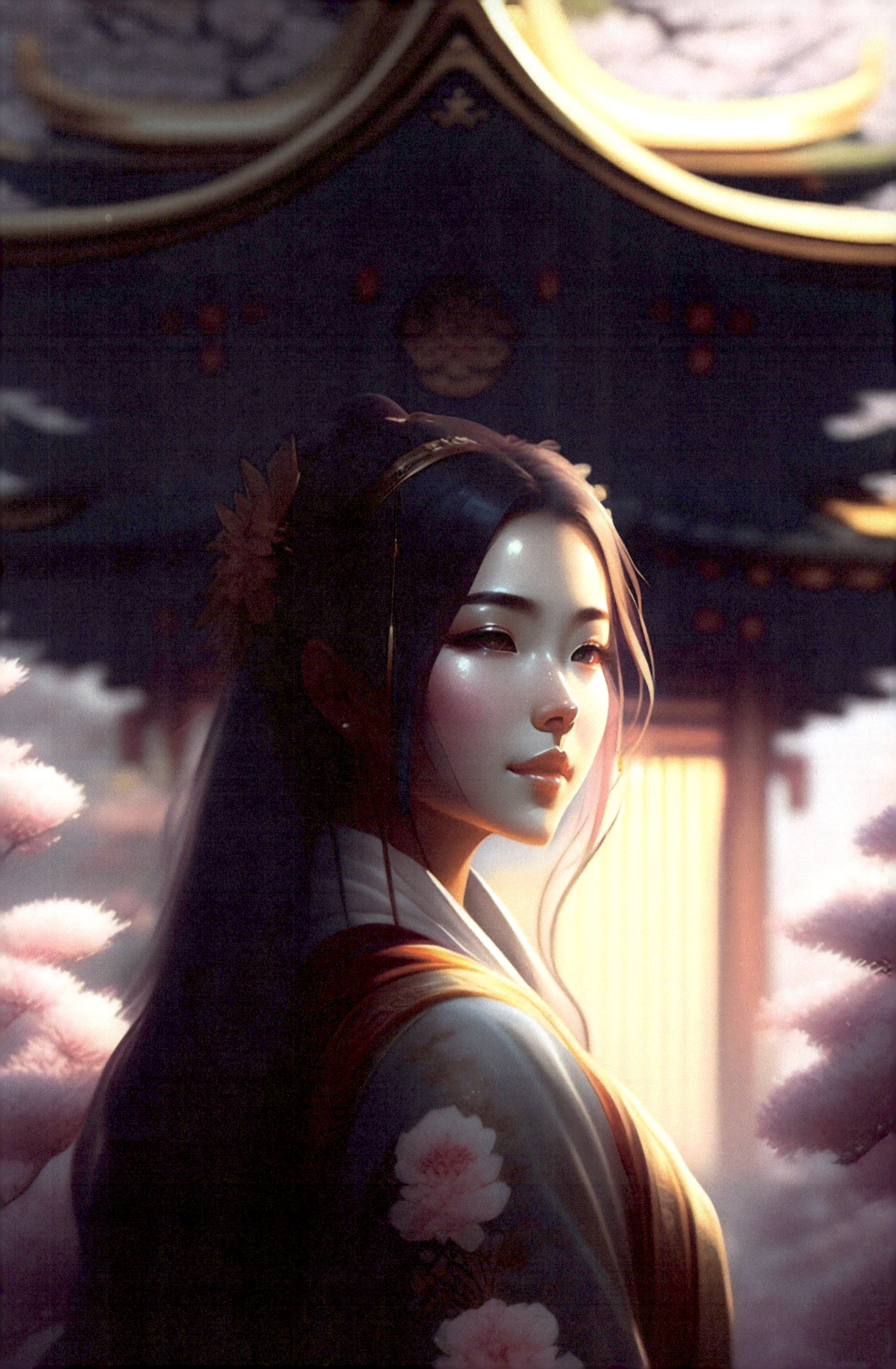

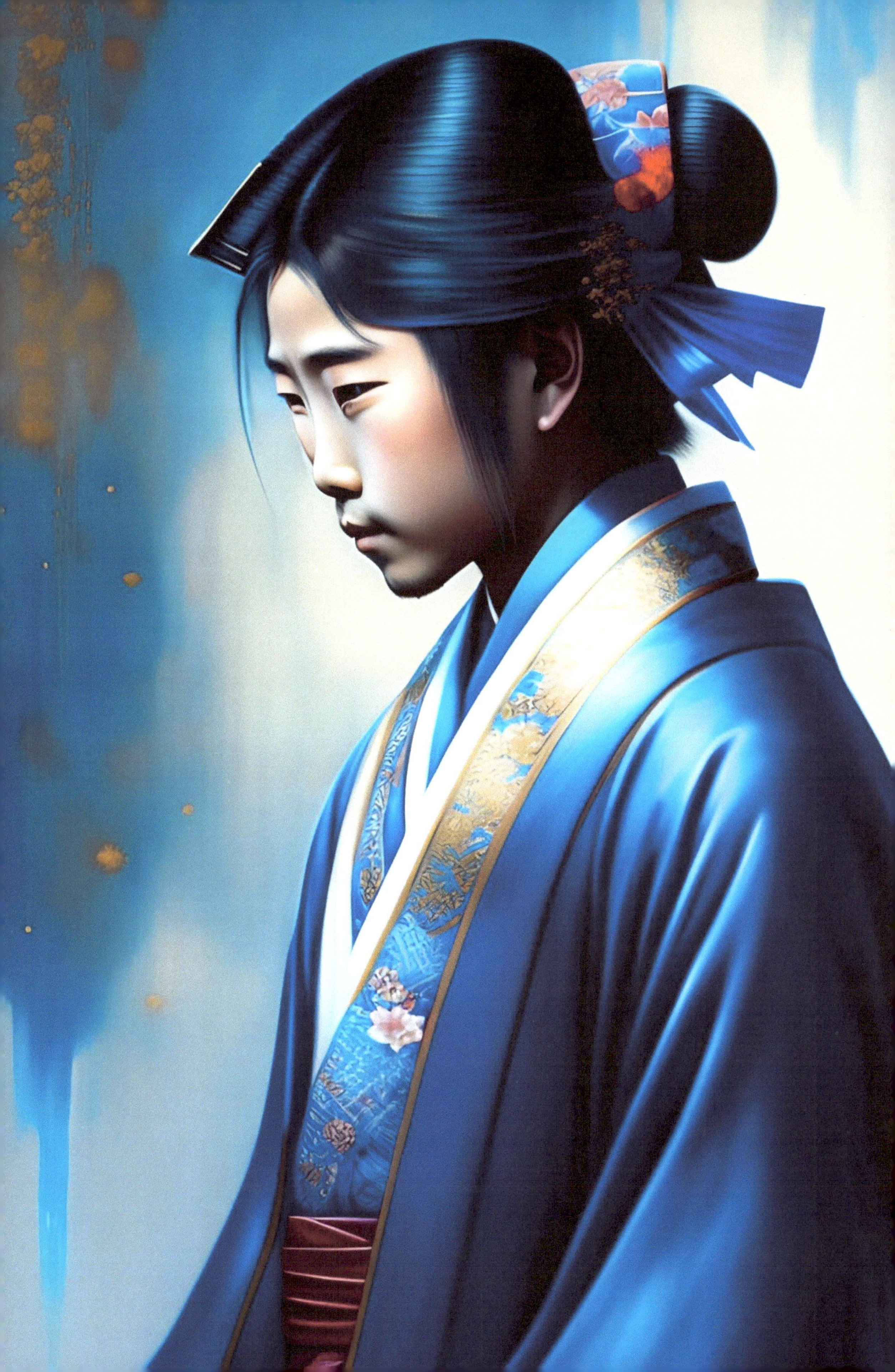

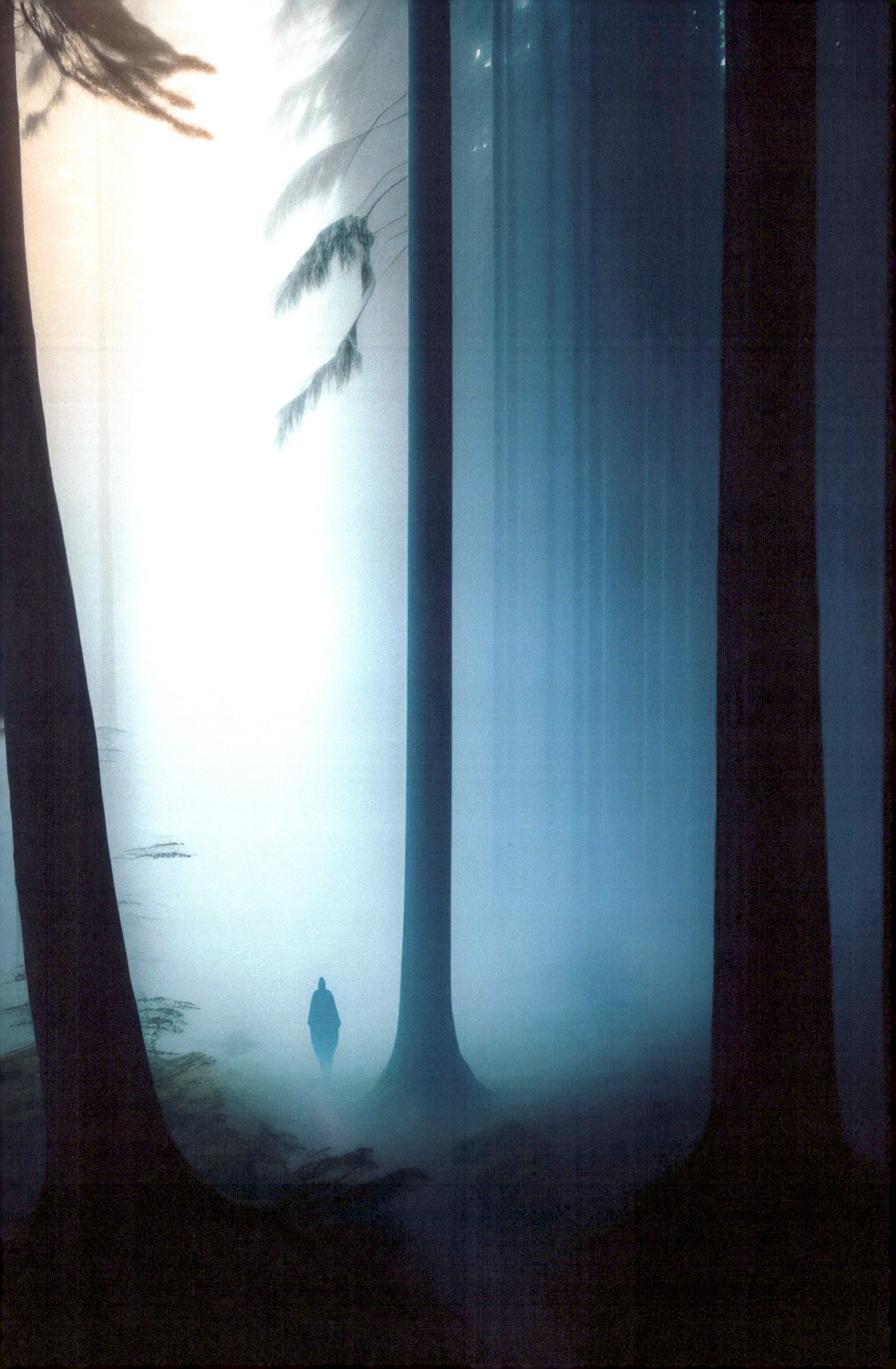

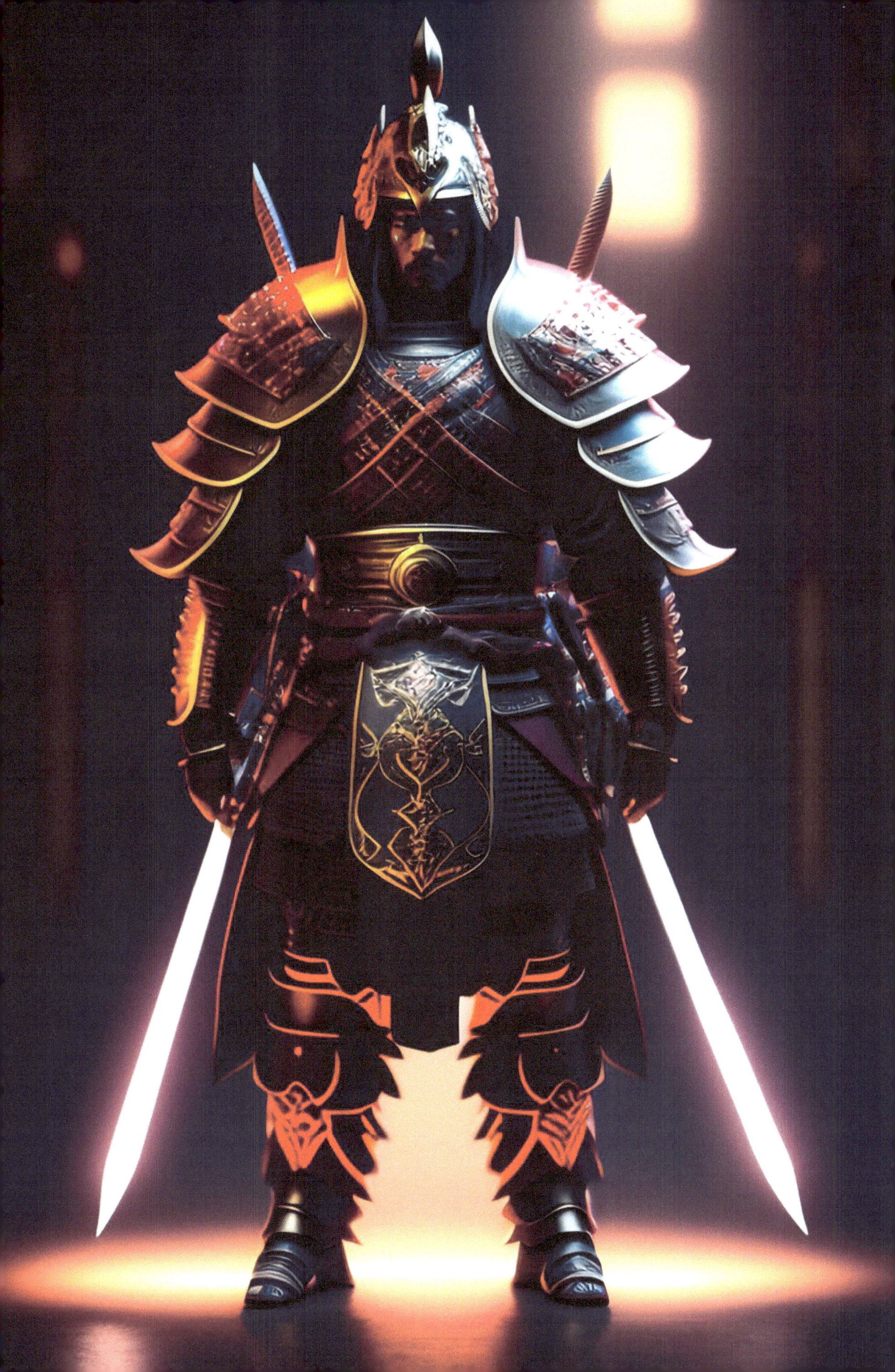

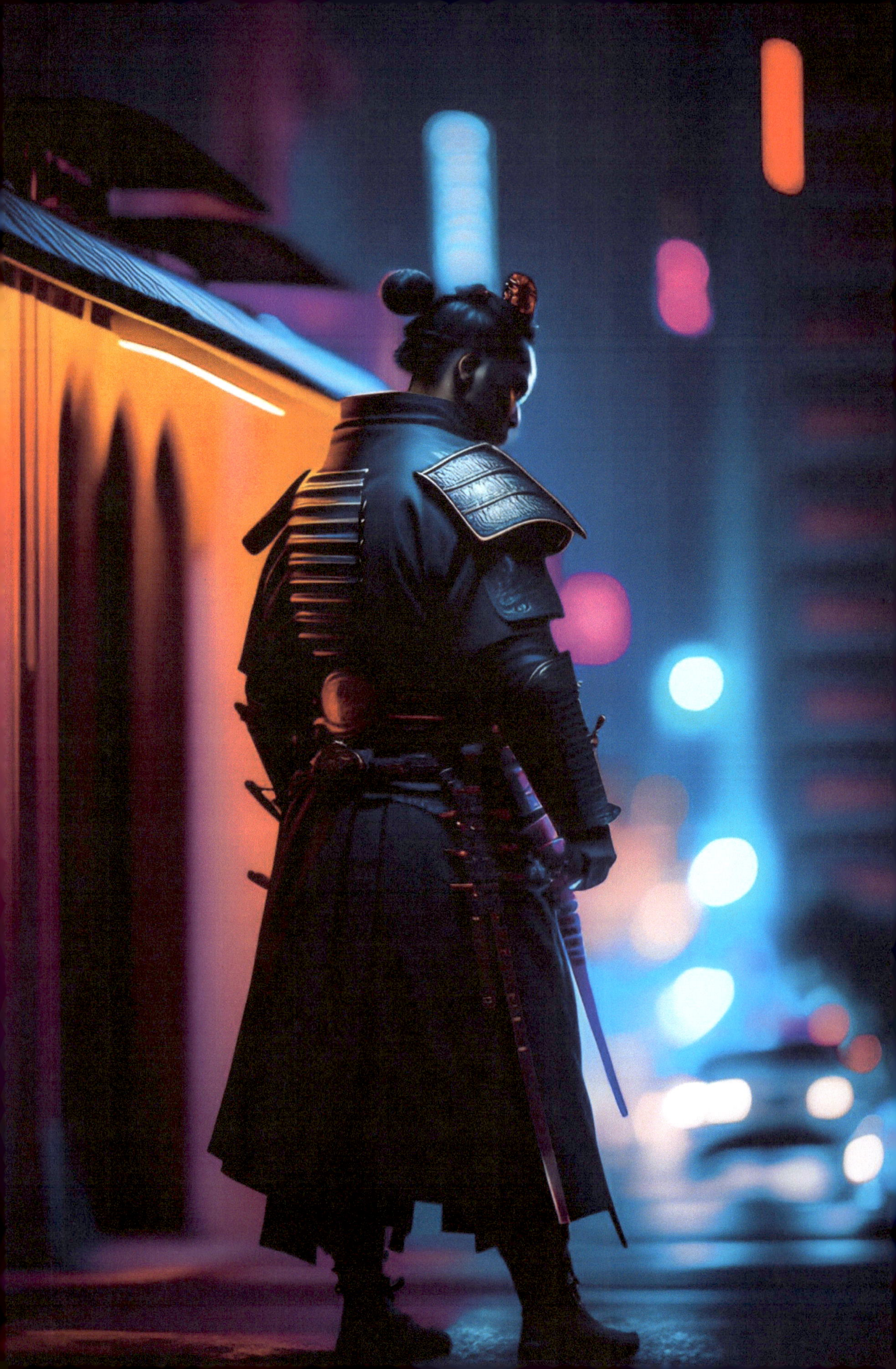

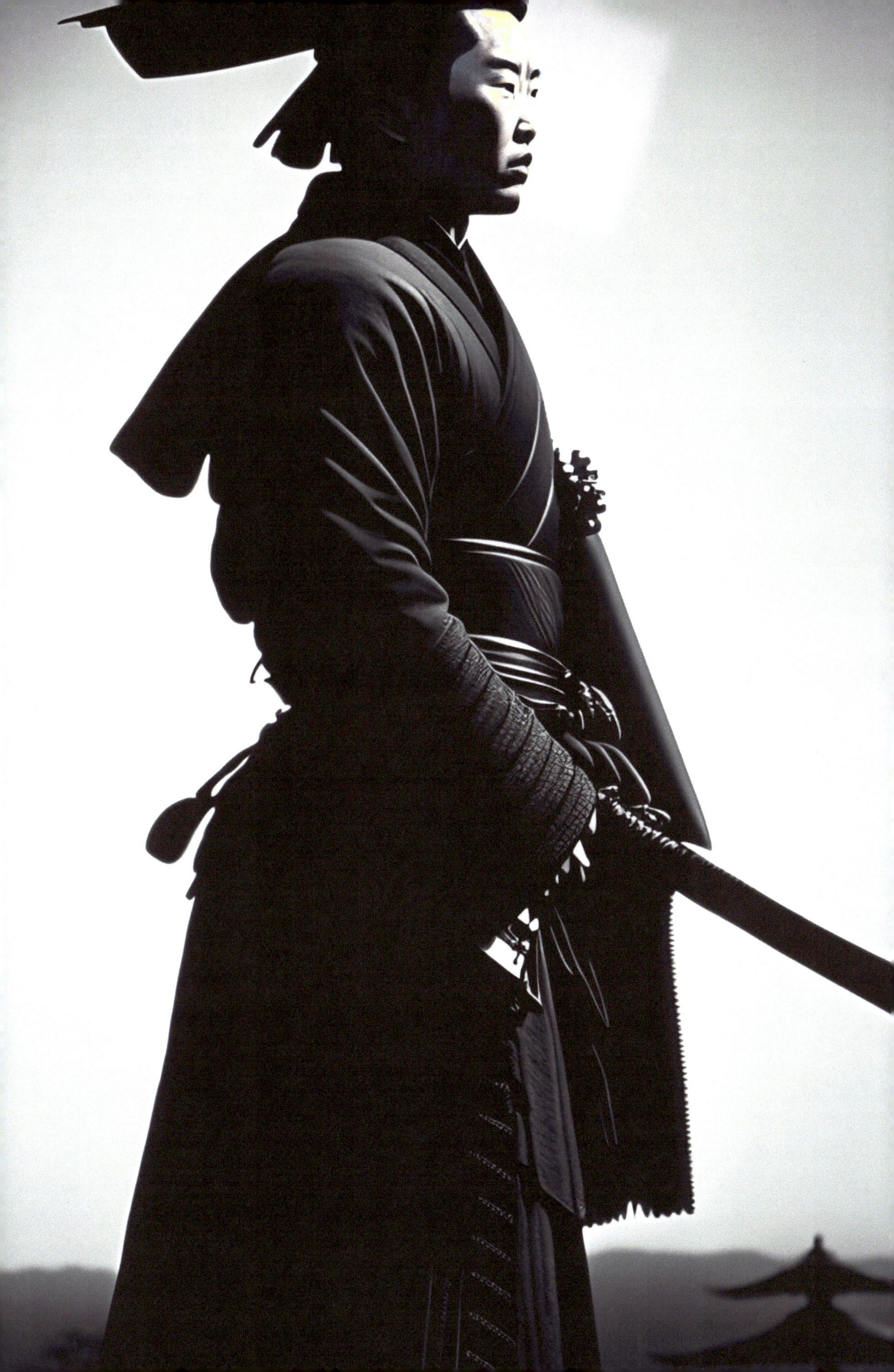

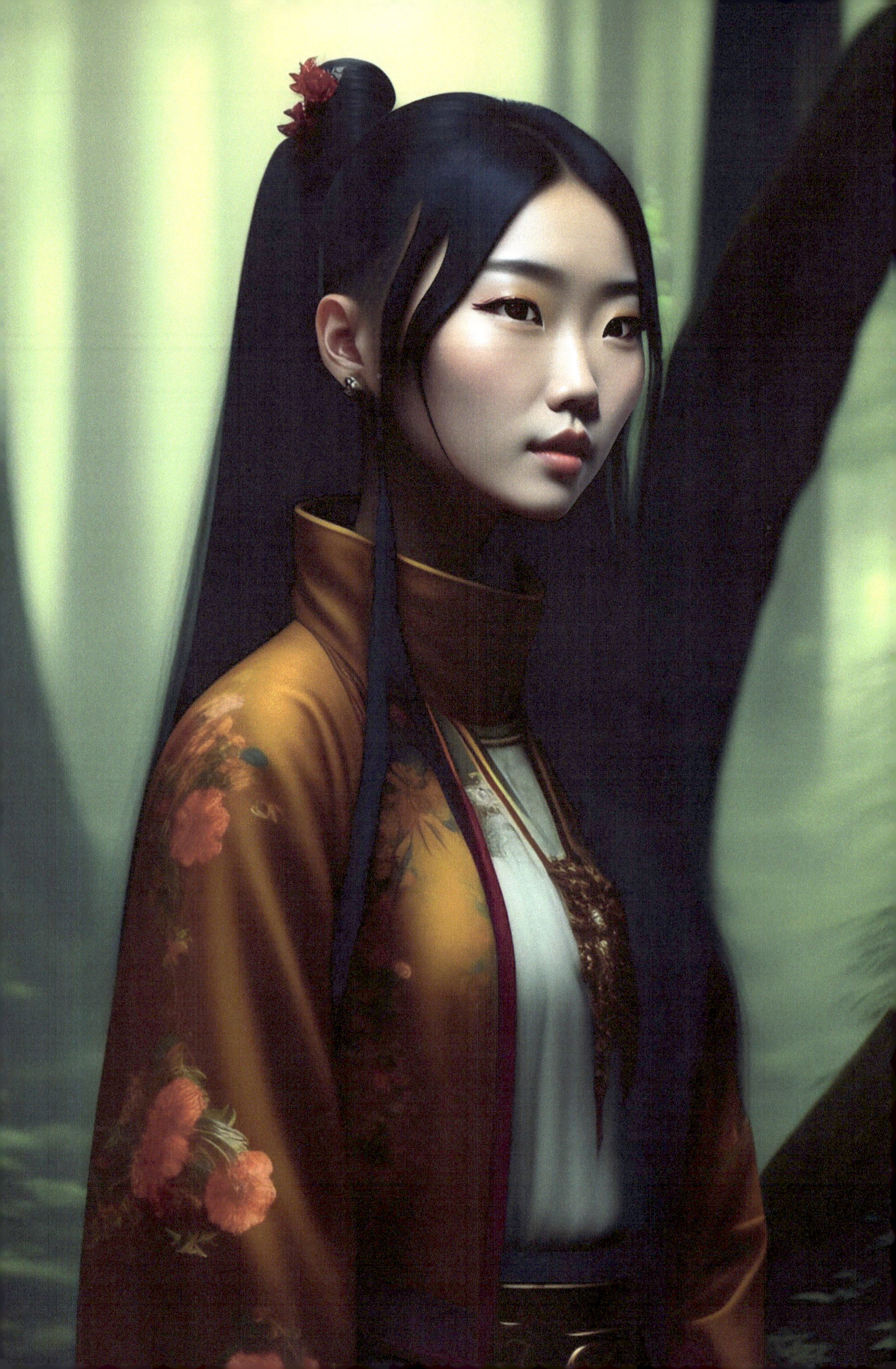

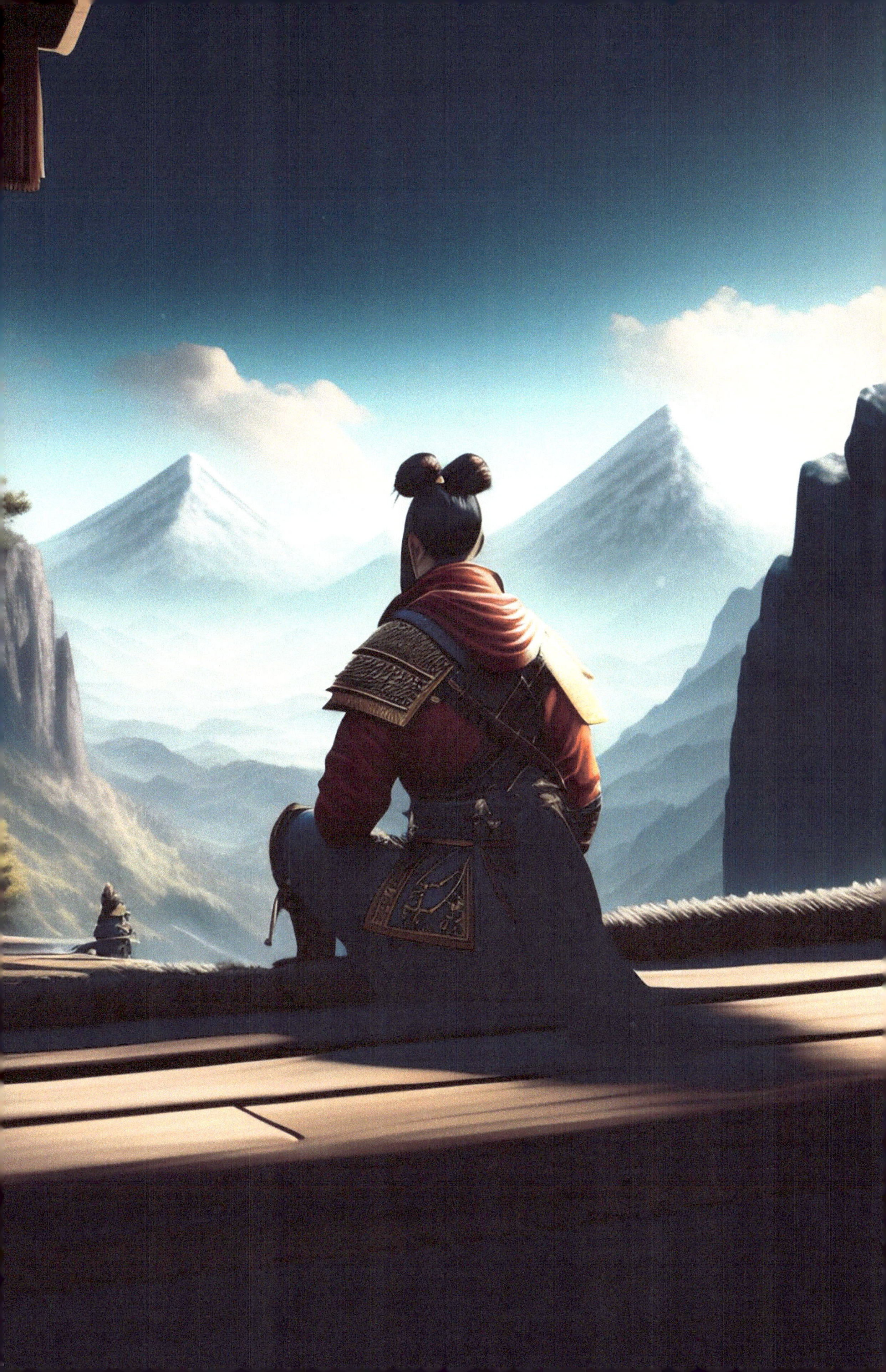

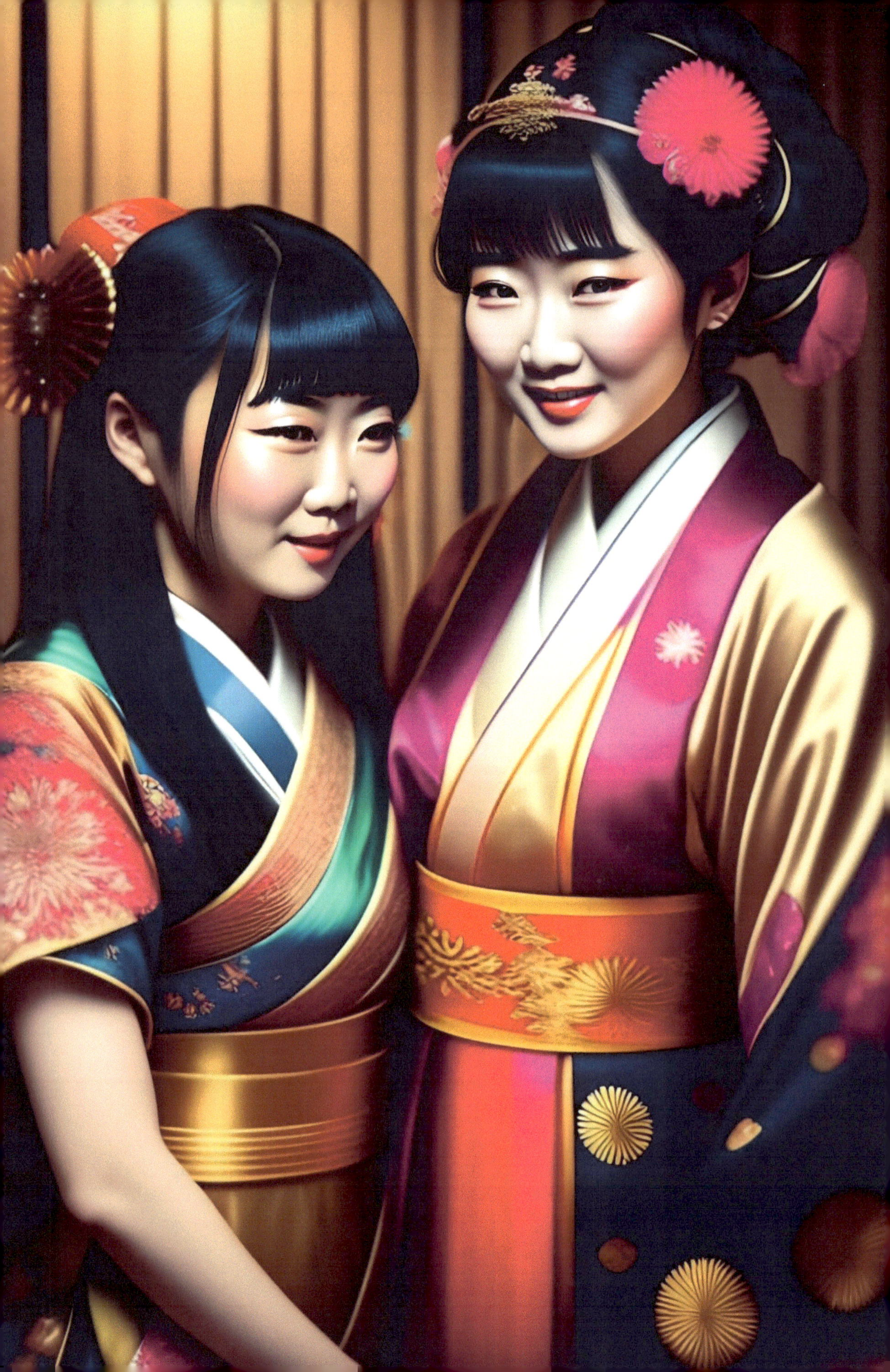

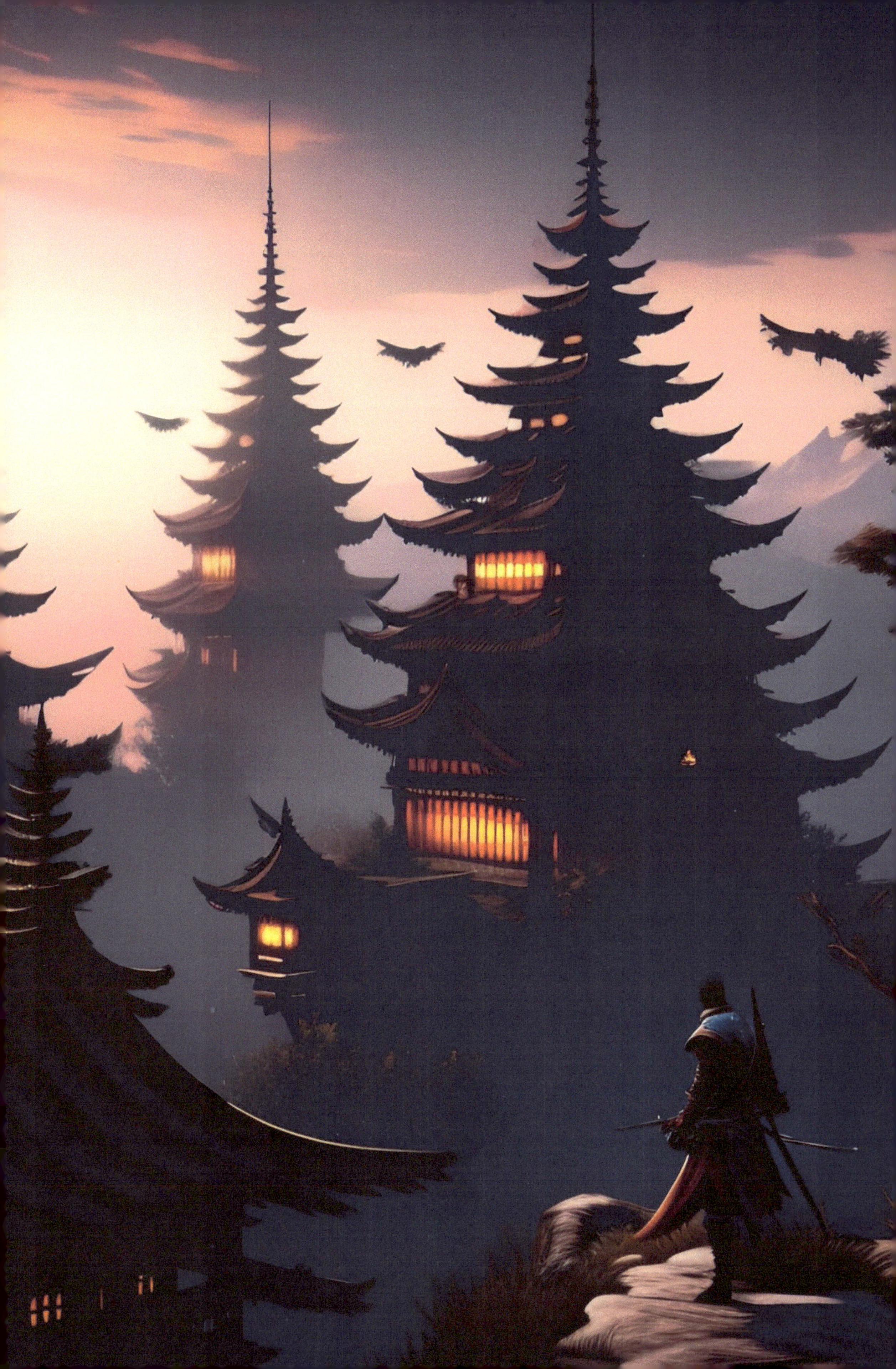

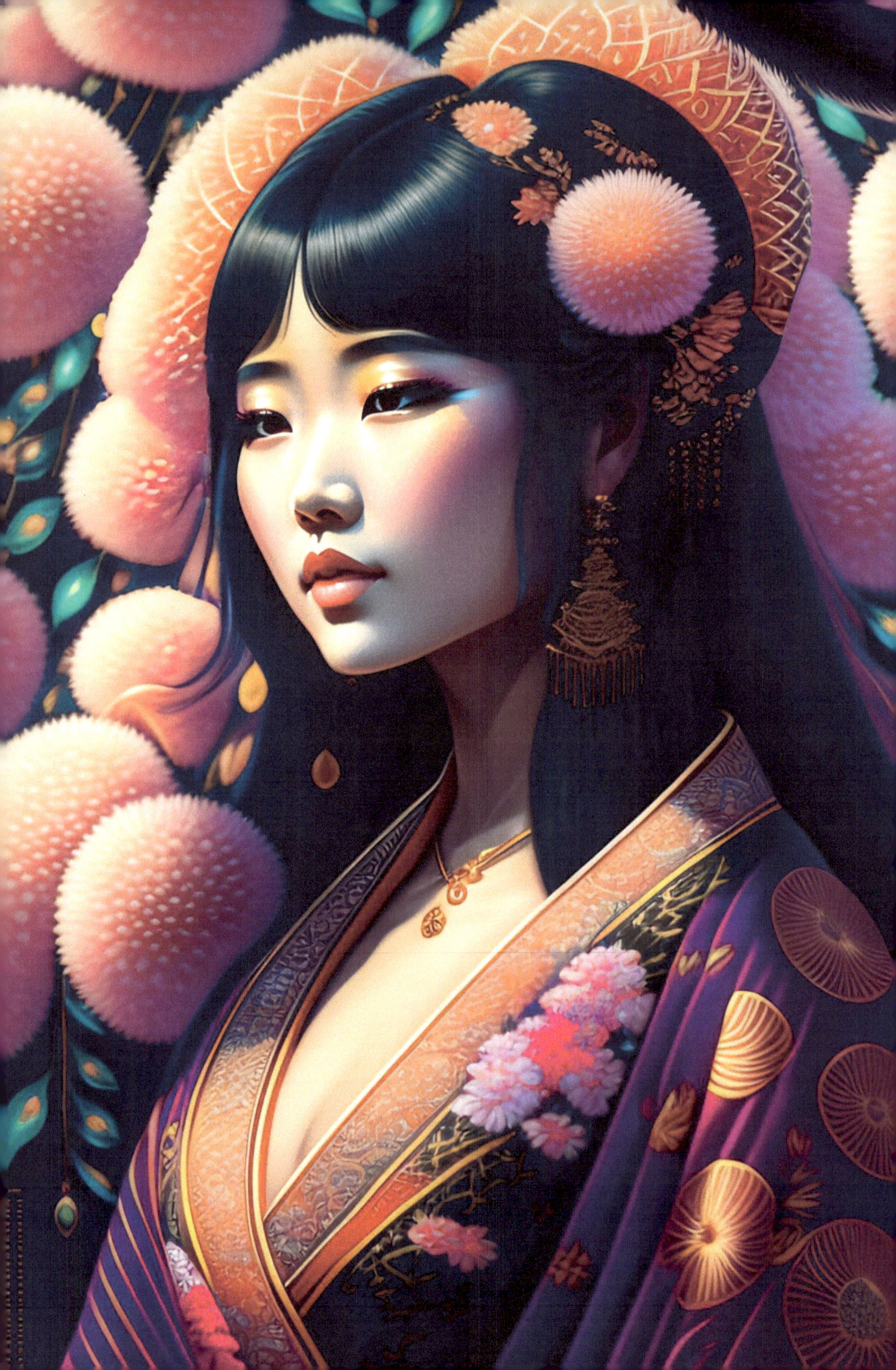

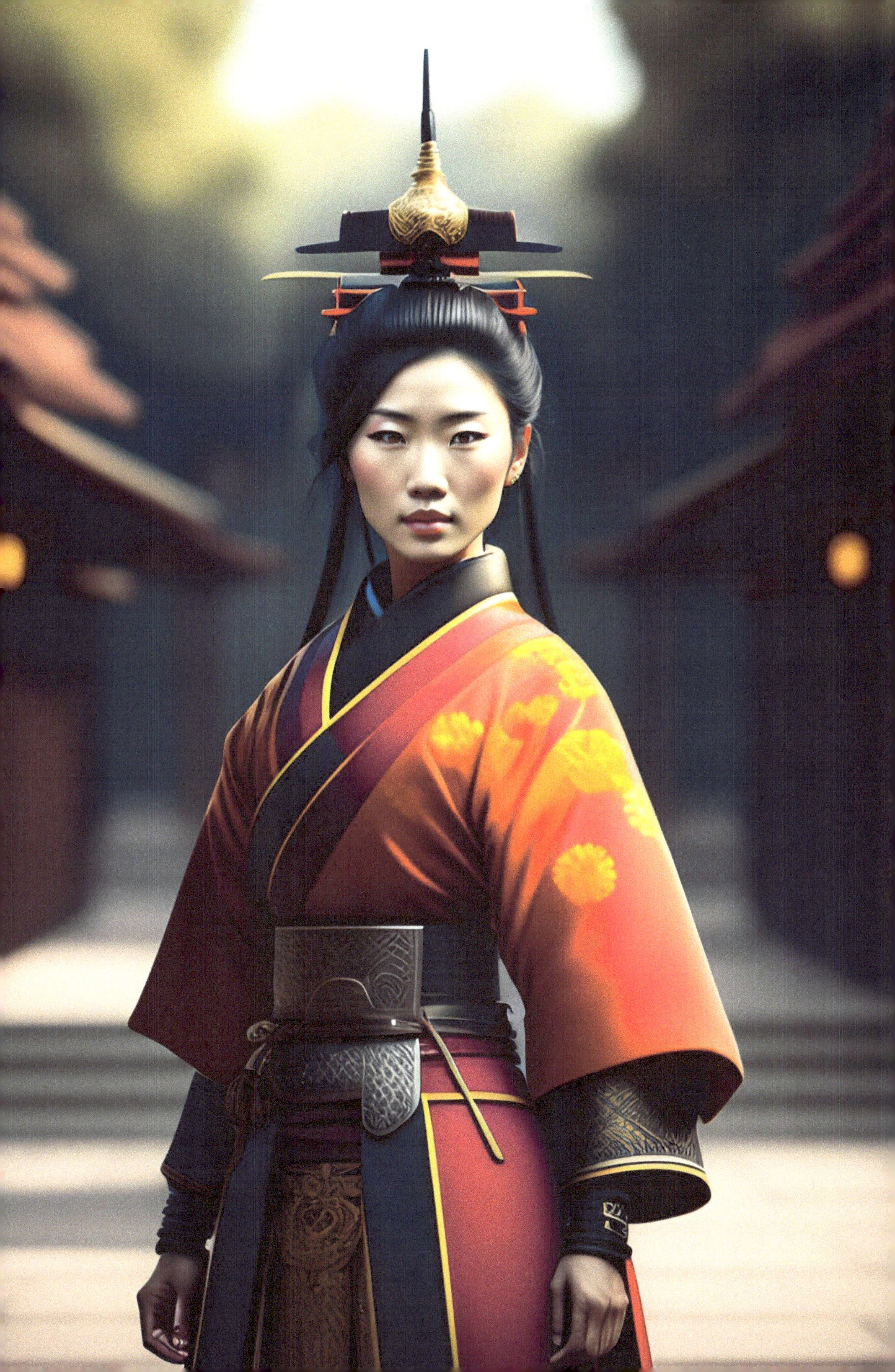

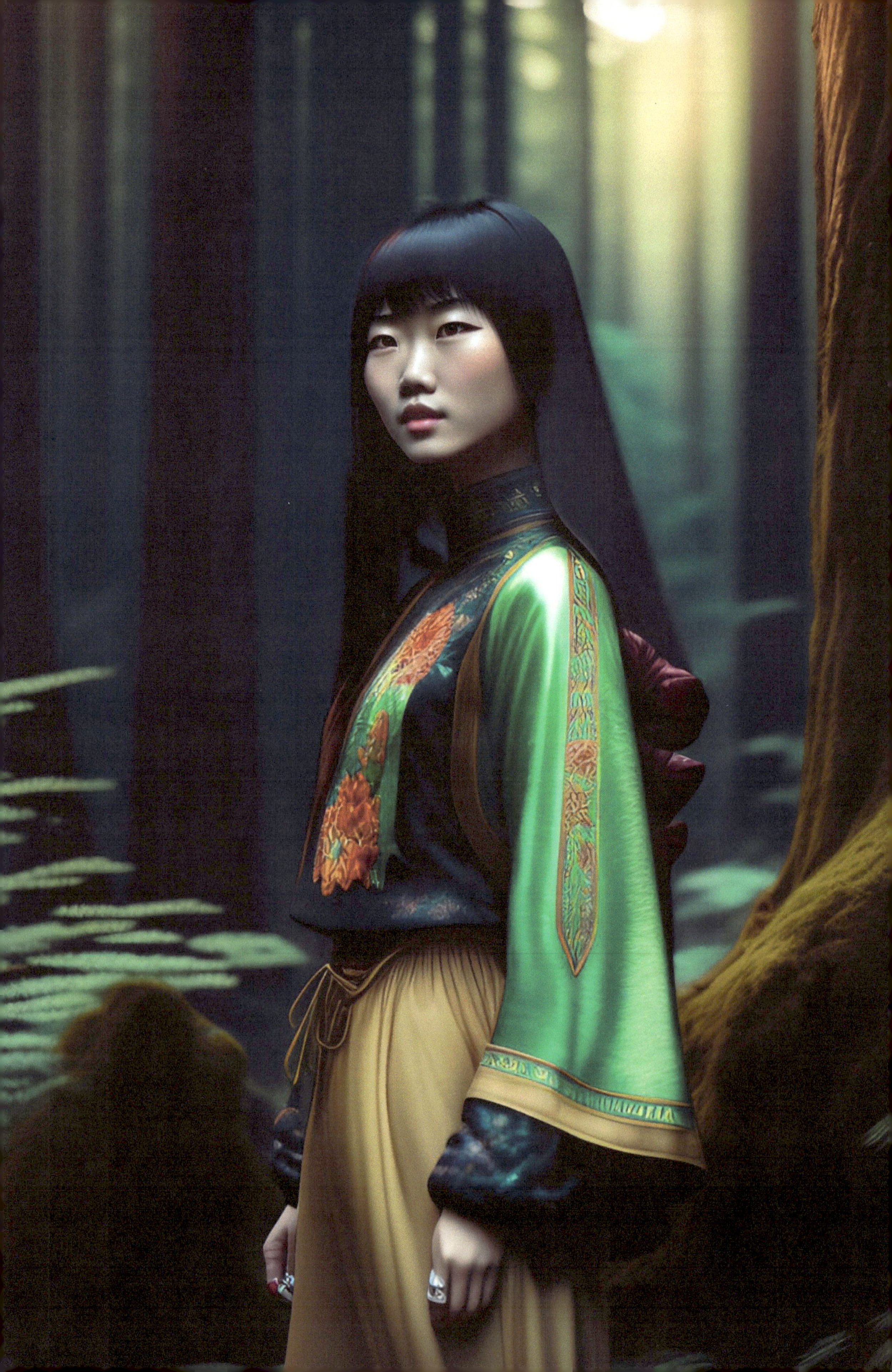

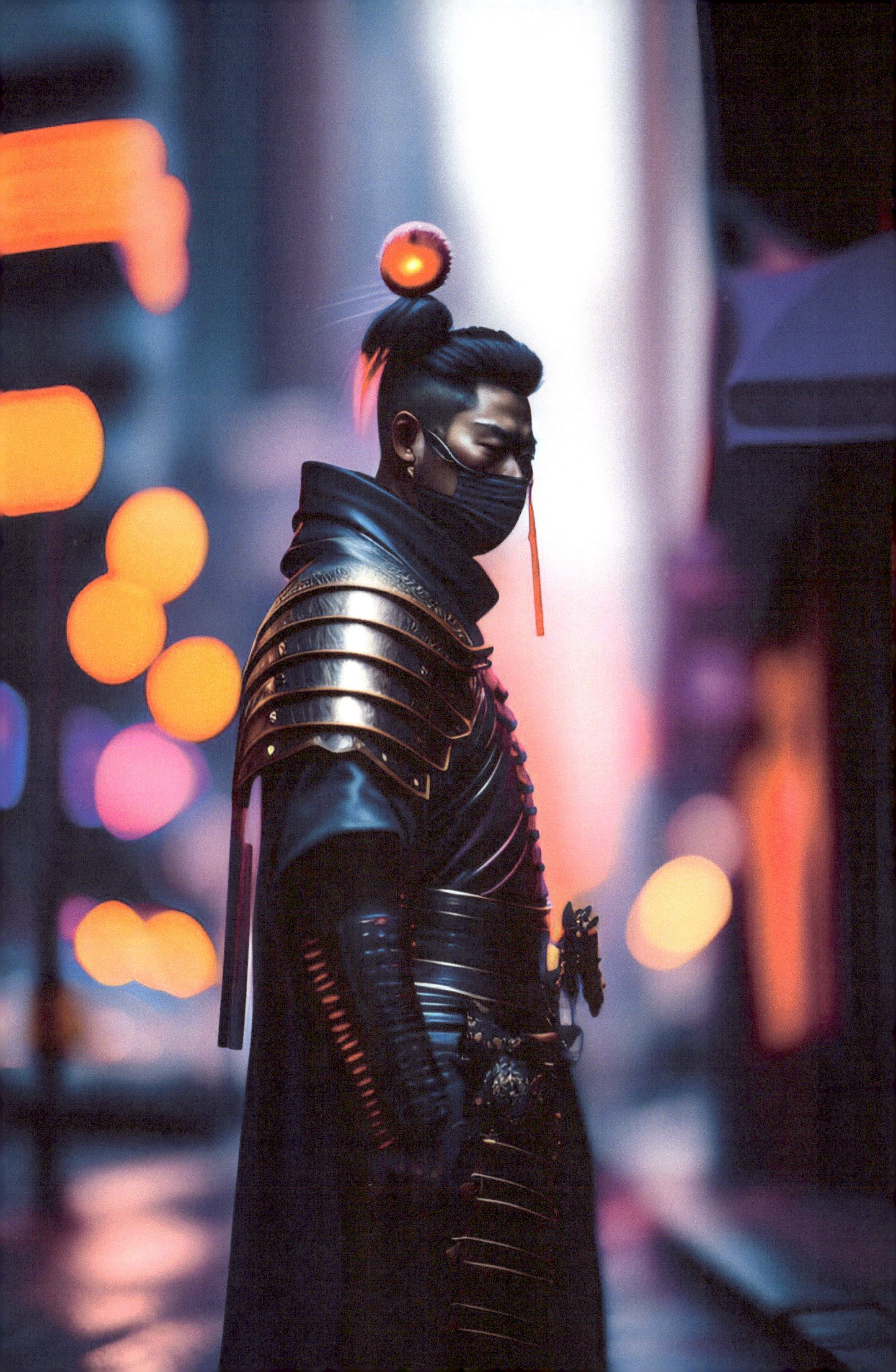

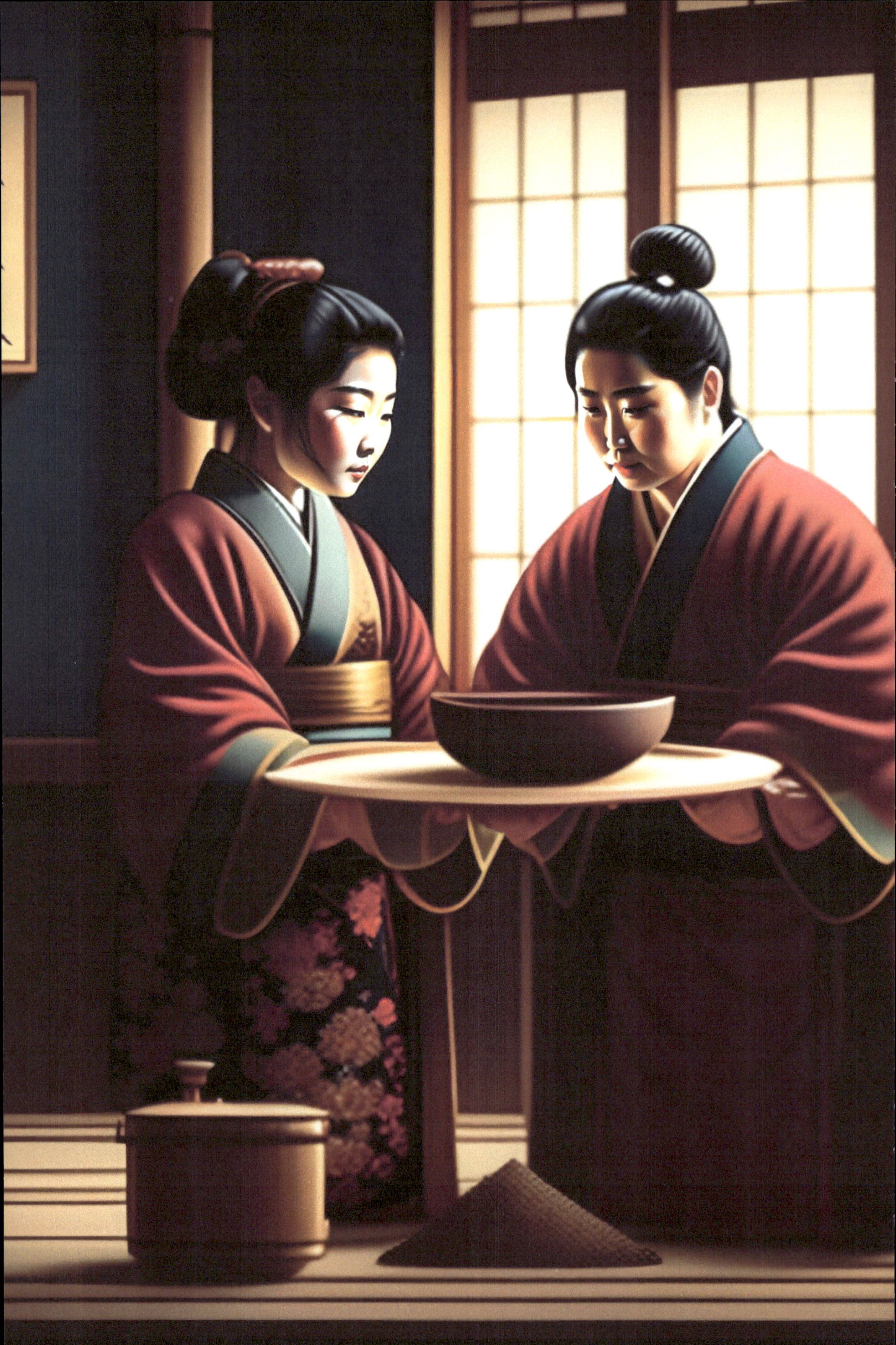

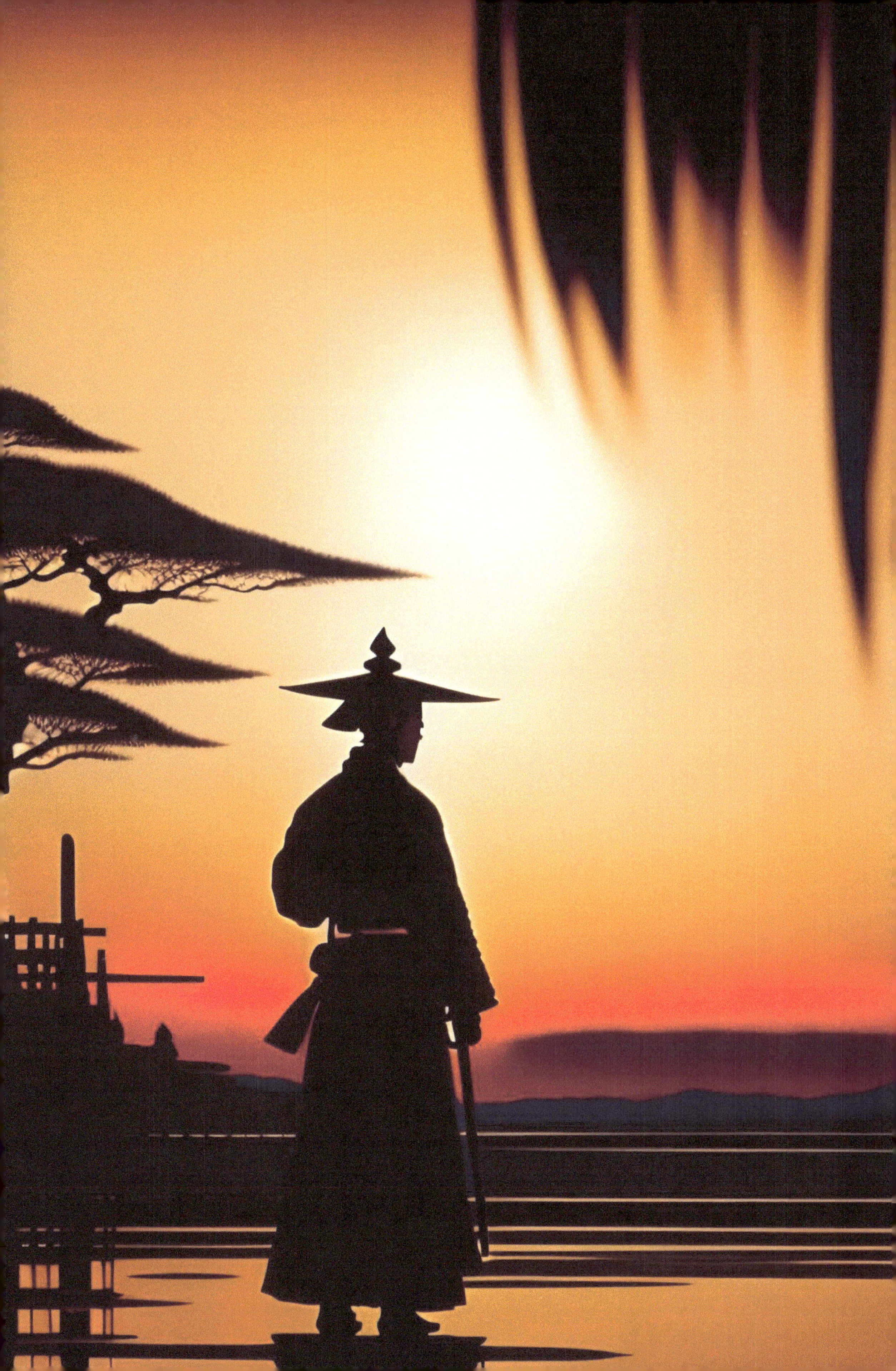

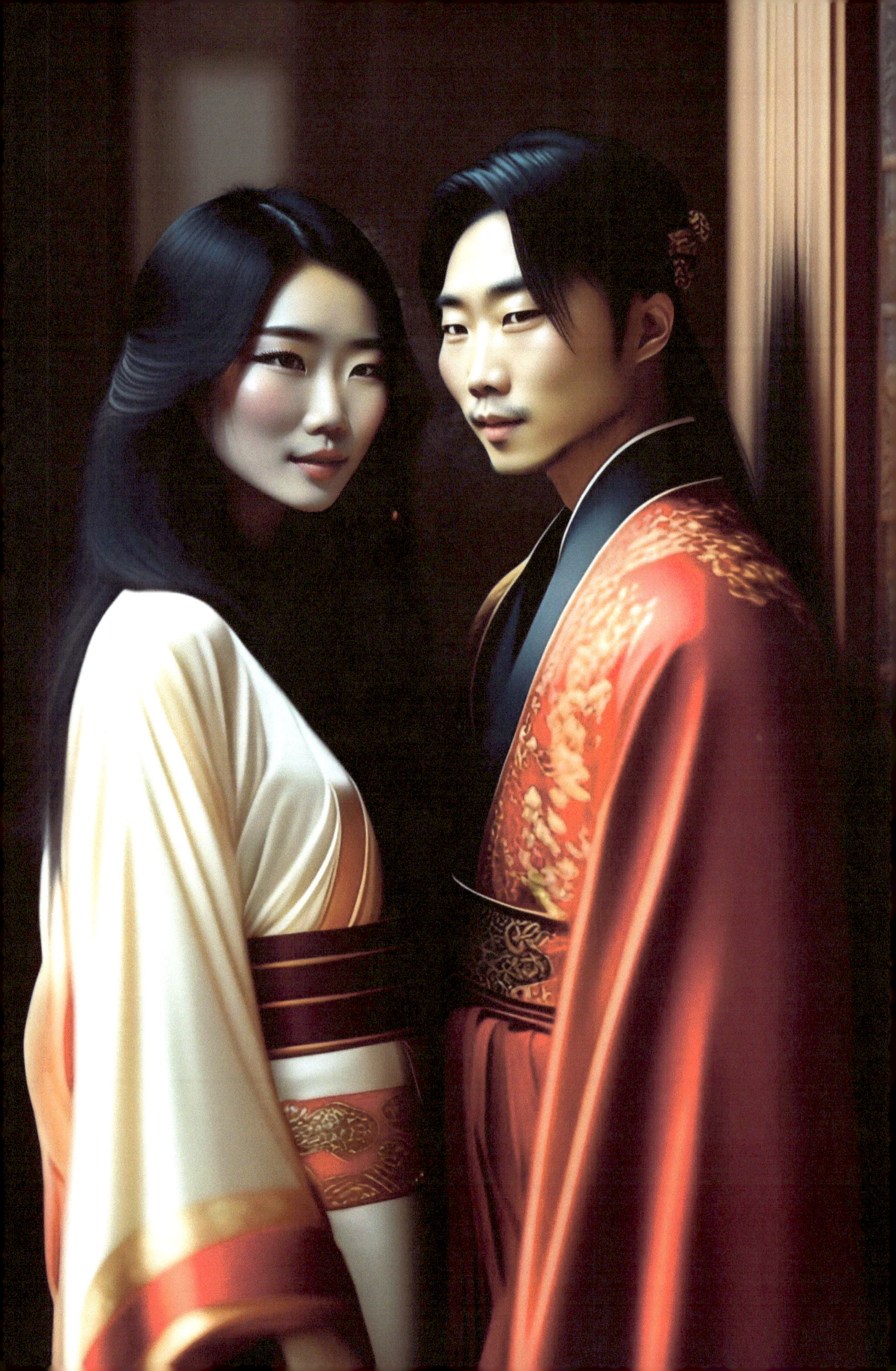

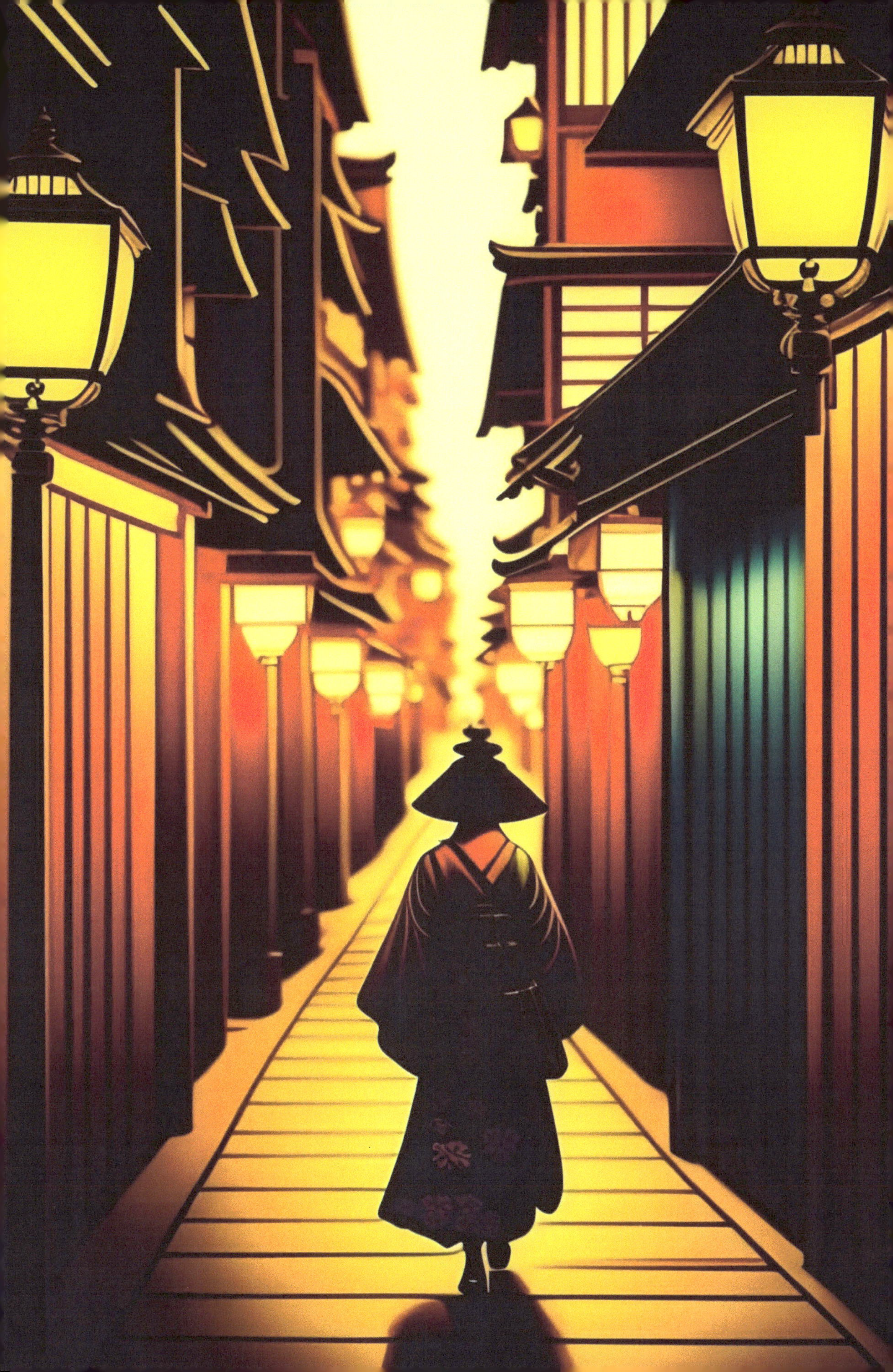

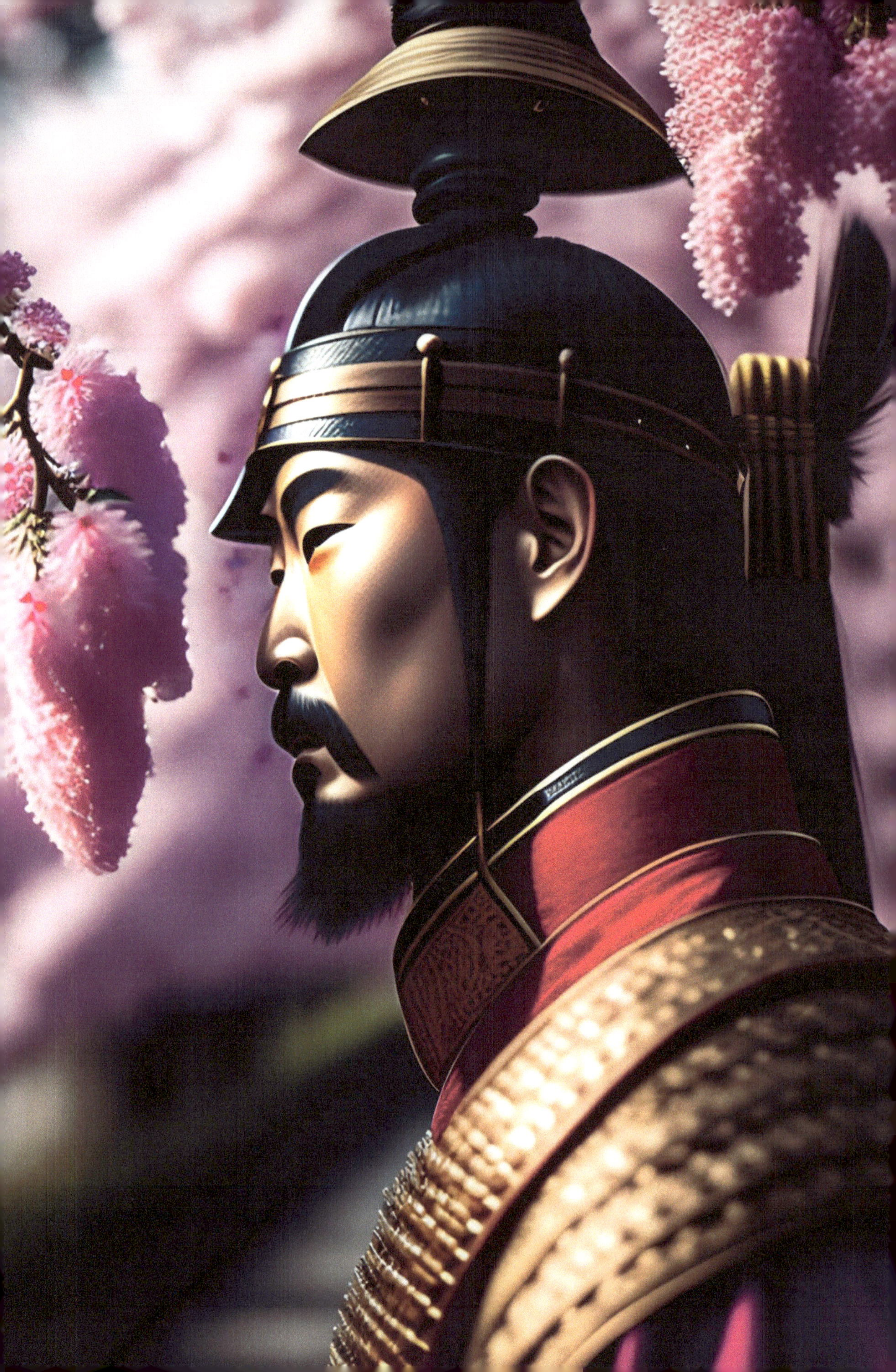

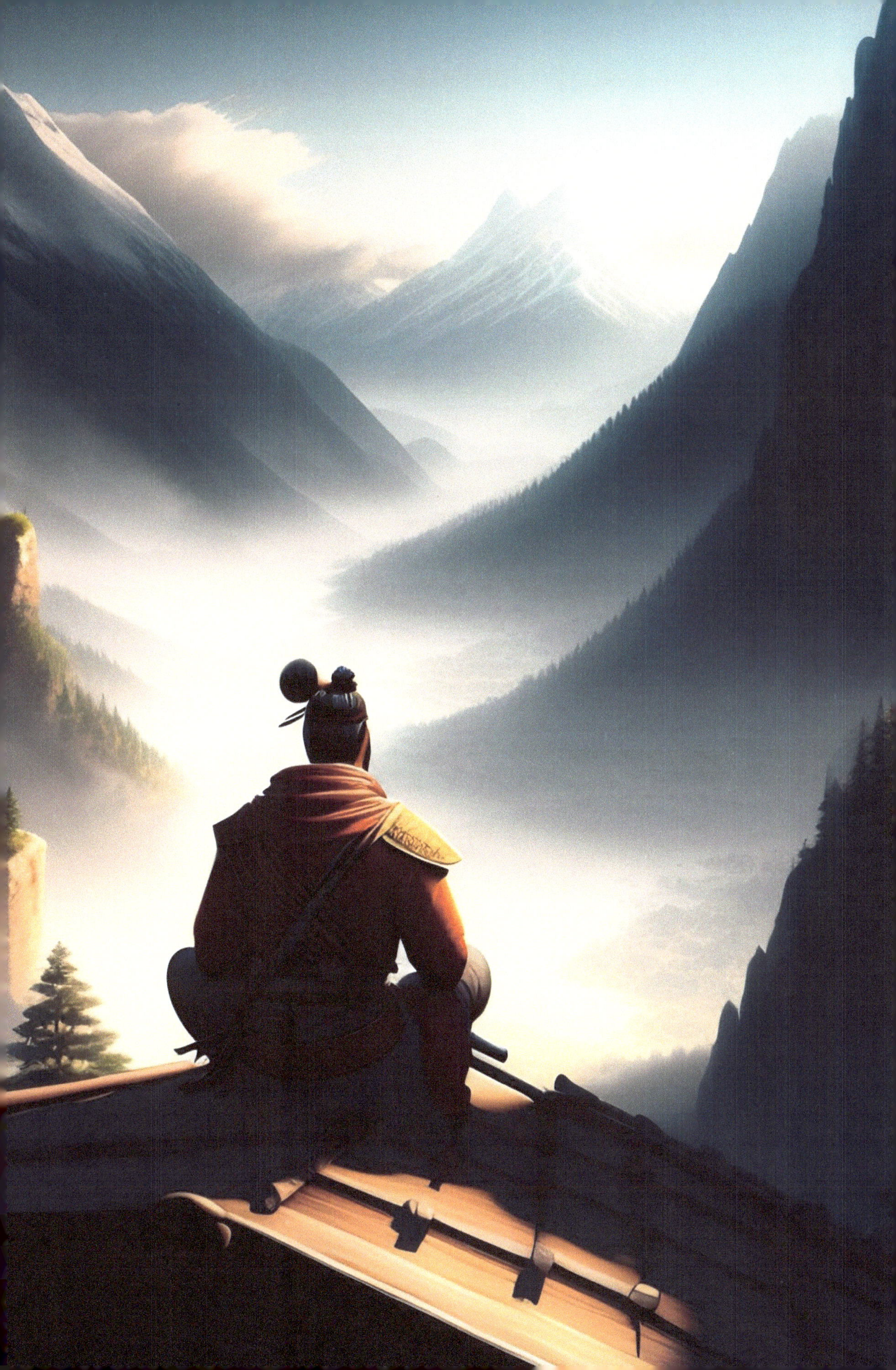

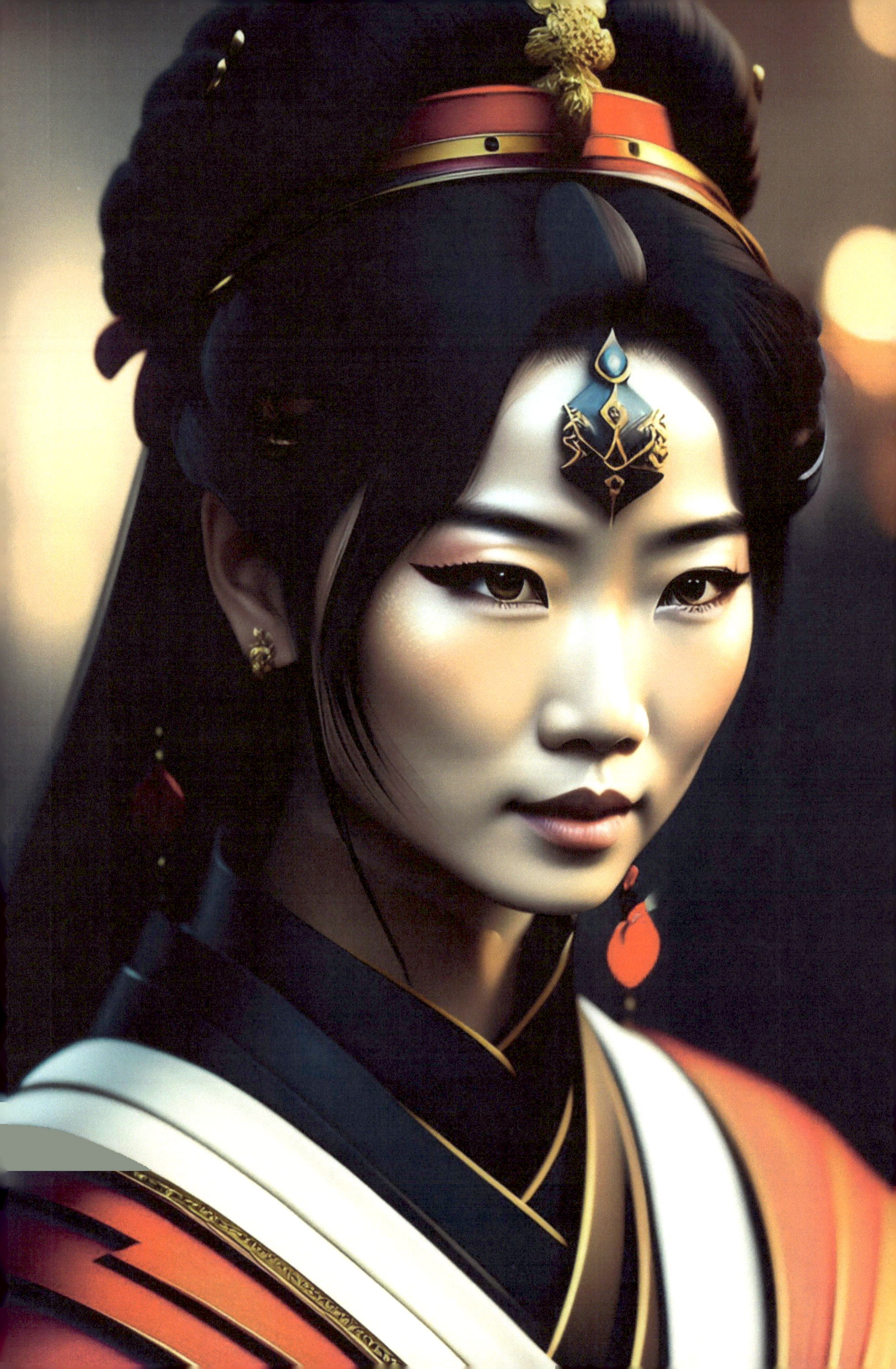

www.ingramcontent.com/pod-product-compliance
Lightning Source LLC
Chambersburg PA
CBHW041935240526
45473CB00034B/1705
* 9 7 9 8 3 7 6 6 7 3 1 8 8 *